W0060188

Christa Rinklin

e Schiebli Badisch

Scheibchenweise Kochrezepte von Metzgermeistern
zwischen Schwarzwald und Kaiserstuhl

LAVORI VERLAG · FREIBURG i. Br.

Allen Machern, Genießern und Genusshandwerkern

ISBN: 978-3-935737-65-4

Vorgekostet

Der Besuch einer Metzgerei, der würzige Duft aus der Wursttheke, die freundliche Metzgersfrau, die mir ein Scheibchen Lyoner herüberreicht: Es sind die ersten, unvergesslichen Erfahrungen, die man als kleiner Mensch im Bereich der fleischlichen Genüsse macht.

Gut in Erinnerung sind mir aber auch noch die Schlachttage – „'s Hüüsmetzge" – zu Hause auf dem elterlichen Hof, die gute Laune des Hausmetzgers und des Fleischbeschauers bei ihrer Arbeit, die in mehrerlei Hinsicht deftig war. Es war damals eine Selbstverständlichkeit, sich mit eigenen Schweinen im Stall selbst zu versorgen, die Tiere in der Aufzucht mitzuerleben und am Ende dankbar zu sein für das Fleisch, das sie für die Ernährung der Familie gaben.

Nichts schmeckte am Ende eines arbeitsreichen Schlachttages so gut wie die ersten, brühfrischen Bratwürste, und schon wog man sich in Vorfreude auf die eigenen Schnitzel, die jeden Sonntag zu einem Festtag machen konnten.

Auf meinem Streifzug durch die Metzgereien in meiner Heimatregion konnte ich endlich einmal die Menschen näher kennen lernen, die hinter den Fleischtheken und in den Wurstküchen sechs Tage in der Woche bestrebt sind, Großes zu leisten und Großartiges auf unseren Tisch zu bringen.

Es sind Familien, die oft seit Generationen etwas haben, das sie antreibt: den Willen, erstklassige Fleisch- und Wurstwaren herzustellen, denen man die handwerkliche Machart ab dem ersten Bissen anmerkt. Mit viel Liebe zum Detail wenden die Metzgermeister ihre überlieferten Familienrezepte an, mit denen sie für ein hohes Maß an Individualität sorgen, die heute zunehmend durch den Strukturwandel bedroht ist.

Die Gleichschaltung von Geschmack und Produktauswahl durch den großen Lebensmitteleinzelhandel ist auf dem Vormarsch. Unterbrochen werden kann sie nur von den kleinen, familiengeführten Metzgereibetrieben, die mit großer Leidenschaft auf ihre regionalen Spezialitäten setzen, die unserer Heimat ein Gesicht geben.

Diese engagierten Metzgerfamilien laden dazu ein, bewusster zu genießen. Erledigen Sie den Einkauf von Wurst und Fleisch deshalb nicht beiläufig, sondern erklären Sie ihn zur Chefsache. Angefangen bei der Haltung über Fütterung und Transport bis hin zur Schlachtung der Tiere ist es sehr viel, was hinter einem Stück Fleisch oder Wurst steckt. Je mehr Sie über die Herkunft und Verarbeitung Ihrer besten Stücke wissen, desto mehr können Sie sie genießen. Dazu soll dieses Buch beitragen.

Christa Rinklin

Oktober 2015

Metzgermeister Paul Riegger (Elzach) an der Gulaschkanone im 1. Weltkrieg

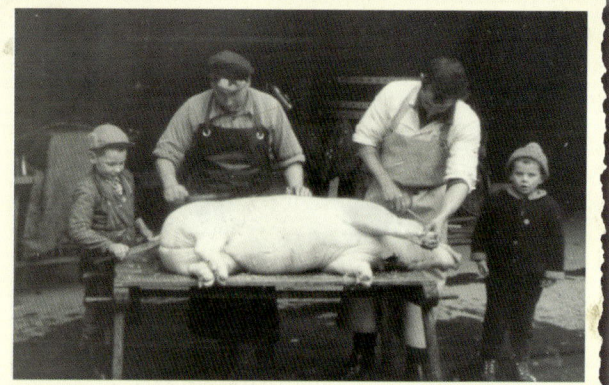

oben: Hausmetzger Fritz Rinklin (Eichstetten), 1930er Jahre

links: Hausschlachtung bei Familie Gustav Rinklin (Eichstetten) mit Hausmetzger Albert Sprich, 1960er Jahre

Ehemalige Metzgerei Friedrich Weishaar (Eichstetten) 1951

Am Anfang war... das Fleisch

Soweit die Geschichte von Menschen berichtet, wurden Tiere geschlachtet und ihr Fleisch verzehrt. Überspringt man die Ära des Urmenschen in der frühen Steinzeit, fällt der Blick auf die alten Ägypter und das antike Rom, wo sich Bürger Bilder vom Schlachten in Stein meißeln ließen. Auch im Nahen Osten, in Indien und China fand man Steintafeln, die Hinweise auf das Schlachten geben. Doch während die Gallier bereits Wurst machten und sich in Rom schon eine Fleischerzunft etabliert hatte, gingen die Vorfahren der Deutschen hauptsächlich auf die Jagd, um sich mit Fleisch zu versorgen. Erst mit Beginn unserer Zeitrechnung betrieben die alten Germanen Vieh- und Landwirtschaft. Durch Warenaustausch entstand ein Kreislauf, aus dem später der Handwerkerstand und mit ihm das Fleischer- bzw. Metzgerhandwerk hervorging.

Schlächterladen, römisches Relief aus dem 2. Jhdt. n. Chr.

Ein Mann mit vielen Namen

Man nennt ihn Fleischer, Fleischmann, Fleischmenger, Fleischhauer, Fleischhacker, Knochenhauer, Schlachter oder Schlächter. Obwohl sich seit dem Jahr 1966 die Bezeichnung „Fleischer" als offizieller Name für dieses Handwerk durchgesetzt hat, ist im Südwesten und Süden Deutschlands sowie in der Schweiz jedoch der „Metzger" als vorherrschende Berufsbezeichnung geblieben.

Wie wichtig das Metzgerhandwerk schon immer war, davon zeugen in Städten und Dörfern Straßennamen wie die Metzgergasse, Metzelstraße oder Fleischstraße. Wie der Bäcker, Töpfer oder Schmied gehört der Metzger zu den Ur-Handwerkern, die hohes Ansehen in der Bevölkerung genossen. Fleisch und Wurst galten seit alters her als besondere Nahrungsmittel und Statussymbole für die Oberschicht, die sich oft nur die Wohlhabenden leisten konnten.

Die Zeit der Zünfte

Seit dem 13. Jahrhundert sind Metzger im deutschsprachigen Raum in Zünften organisiert. Ihr Zunftwappen stellt gekreuzte Beile oder Messer dar, darüber ein Ochsenkopf. Metzgerwappen mit Lamm und Kreuzfahne, dem Agnus Dei (lat. Lamm Gottes), symbolisieren die Verpflichtung, Tiere human zu halten und zu schlachten. Parallel dazu etablierte sich der Hausmetzger, der meist im Nebenerwerb für Bauernfamilien auf den Höfen für deren Eigenbedarf schlachtete und wurstete.

Im frühen Mittelalter schlachteten die städtischen Metzger zu Hause, später in öffentlichen Schlachthäusern. Der Verkauf erfolgte an der Fleischbank (auch: Fleischlaube, Schirne, Scharren). Fleischbänke waren ursprünglich auf Holzböcke gestellte Tische, die zum Zerlegen und Verkauf des Fleisches dienten. Sie wurden auf offener Straße aufgestellt, später in Gewölben, Lauben und in Hausfluren, aus denen sich langsam die ersten Läden entwickelten.

Die Blutwurstmacherin. Nach D. Teniers, gestochen von R. de la Haye (1640-1695)

Die Metzgerspost

Da die Metzgersgesellen früher viel mit Pferd und Wagen unterwegs waren, um Vieh einzukaufen oder Märkte zu beliefern, gab man ihnen gleich noch wichtige Dokumente und Nachrichten mit auf den Weg. Im 12. Jahrhundert entwickelte sich daraus ein ausgeklügeltes Postsystem, die sogenannte Metzgerspost. Anfangs noch mit dem Rinderhorn signalisierte der Metzger seine Ankunft im Ort. Aus dem Signalruf „Der Metzger ist da!" wurde bald „Die Post ist da!". Bis ins 16. Jahrhundert fungierte dieser Vorläufer des deutschen Postwesens.

Metzgersprung und Metzgerturm

Der Beruf des Metzgers taucht auch im Zusammenhang mit Brauchtum und Gebäuden auf. Das heute noch praktizierte Ritual des Metzgersprungs geht auf die Zeit der Pest im 16. Jahrhundert zurück. Metzger zogen damals nach dem Wüten des „Schwarzen Todes" tanzend und musizierend durch die Straßen von München, um den Menschen wieder Mut zu machen. Der ausgelassene Umzug endete mit einem Sprung in den Fischbrunnen.
Der Metzgerturm in Ulm verdankt seine starke Neigung der Sage nach den dort eingesperrten, korpulenten Metzgern, die sich aus Angst vor einer Strafe wegen minderwertiger Waren in einer Ecke zusammendrängten, als der zornige Bürgermeister eintrat.

Königin Bratwurst

Die Bratwurst, die als „Königin der Würste" gilt, wurde ab dem 13. Jahrhundert für mehrere Jahrhunderte zum Zankapfel unversöhnlicher Parteien. Eine wachsende Nachfrage in der Bevölkerung und zu kleine Tierbestände bewog die schwarzen Schafe unter den Metzgern, den Wurstinhalt zu manipulieren. In den deutschen Amtsstuben erließen Bratwurstdezernenten Bratwurstverordnungen, in Basel wollte die aufgebrachte Menge die Metzger in den Rhein werfen. Mit dem Dreißigjährigen Krieg (1618-48) geriet die Bratwurst zur Nebensache. Einzig in Franken und Thüringen, den „Bratwurst-Hochburgen", stand das Volk treu zu seiner „Majestät".

Aufschwung allerorten

Zu Beginn des 19. Jahrhunderts endete die Ära der Zünfte. Dafür wurden im ganzen Land und auch in Südbaden Metzger-Innungen gegründet: in Emmendingen im Jahr 1855, in Freiburg 1880. Der im Jahr 1875 gegründete Deutsche Fleischerverband ist bis heute die Dachorganisation der 15 Landesinnungsverbände, die zusammen mit den regionalen Innungen die beruflichen Interessen der Mitglieder gegenüber Politik und Verwaltung vertreten. In Metzgergesellen-Vereinen wie zum Beispiel in Freiburg, gegründet 1897, pflegt man bis heute den persönlichen Austausch unter Metzgern mit kulturellen und sportlichen Aktivitäten.

Zeitgleich mit der neuen Organisationsform wurden die Metzger von ihren primitiven Handwerksgeräten erlöst. Ab 1880 hielten erste Maschinen wie der Wolf Einzug in die Wurstküchen, und von Amerika kam der Kutter herüber. Gasmotoren, Dampfmaschinen und Elektromotoren sorgten zunehmend für Arbeitserleichterung und eine Steigerung der Effizienz.

Langsam machte sich auch bei der Einrichtung der Verkaufsräume eine Eigendynamik bemerkbar. Schaufenster, holzgetäfelte und später gefliese Wände, Theken mit Marmor- und Kristallelementen sowie eine geschmackvolle Warenpräsentation läuteten eine neue Zeit der Nahversorgung ein.

Neobarocke Majolika-Verkaufstheke, um 1900, Deutsches Fleischermuseum Böblingen

Klasse statt Masse

Vieles im Bereich des Lebensmittel-Einzelhandels hat sich seit Beginn des 3. Jahrtausends geändert. Große Supermarktketten und Discounter versuchen, in immer mehr Domänen des Handwerks einzudringen und die Verbraucher im unerbittlichen Preiskampf zu erobern. Die letzten Bastionen handwerklicher Metzgerskunst findet man heute in den kleinen, familiär geführten Betrieben, wie es sie in Baden immer noch gibt. Qualifizierte Fachkräfte, sowohl in der Produktion als auch im Verkauf, setzen sich hier tagtäglich dafür ein, die Kernkompetenz des Fleischerhandwerks aufrechtzuerhalten. Fernab teurer Werbekampagnen, fiktiver Gutshof-Romantik-Labels und begaster Fertigpackungen folgen sie ihrer Bestimmung: direkter Bezug zu lokalen Agrar- und Wirtschaftsstrukturen, kurze und transparente Wege für die Schlachttiere, eigene Herstellung des Sortiments und der direkte Weg der frischen Produkte aus der Wurstküche in die Theke.

Der heimliche Star: Kartoffelsalat

Mit dem Strukturwandel in der Gesellschaft hat sich auch das Berufsbild des Metzgers stark verändert. Zählte früher das Schlachten noch zur Haupttätigkeit in diesem Handwerk, so liegt der Schwerpunkt mittlerweile auf der Verarbeitung und Veredelung von Fleisch. Hinzu kommen veränderte Konsumentengewohnheiten wie die Ernährungsweisen der Vegetarier, Veganer oder Flexitarier, die ganz oder teilweise auf Fleisch verzichten. Gefragt sind hier Kreativität, Offenheit, Servicebereitschaft und kompromissloses Qualitätsstreben, das von den Metzgerfamilien täglich gelebt wird. Bei so viel Liebe zum Beruf kommt es deshalb nicht selten vor, dass sich fleischlose Genießer eigens wegen des unschlagbar feinen, hausgemachten Kartoffelsalats auf den Weg in die Metzgerei begeben.

Zeichen der Zeit

Mit über 23.000 Metzgerei-Fachgeschäften inklusive Filialen ist das deutsche Metzgerhandwerk am Markt präsent (Stand 2013). Es leistet damit einen wichtigen Beitrag zur Lebensqualität der Bevölkerung. Gleichzeitig weht den Vertretern dieses uralten Handwerks der Wind des Strukturwandels im Lebensmitteleinzelhandel entgegen. Die ungebremste Expansion des Discountsektors und die Ansiedlung großflächiger Einzelhandelsprojekte auf der grünen Wiese bewirken eine Abnahme der Anzahl eigenständiger, handwerklicher Meisterbetriebe und damit eine Ausdünnung der Nahversorgungsstrukturen, insbesondere im ländlichen Raum.

Mobile Metzger schließen Lücken

Metzger haben schon immer die Zeichen der Zeit erkannt. Rund 5.000 mobile Verkaufsstellen der Metzgereien in Deutschland machen sich deshalb Woche für Woche auf den Weg, um ihre Kunden vor Ort mit frischem Fleisch und feinen Wurstwaren zu versorgen. Sie gehören zum gewohnten Bild auf Wochenmärkten, in Einkaufspassagen, bei Veranstaltungen oder gehen auf Tour, um auch Verbraucher in entlegenen Ortschaften zu erreichen und Versorgungslücken zu schließen. Mit viel Leidenschaft für ihr Handwerk gleichen sie auf diese Weise Engpässe aus und bieten ihren Kunden eine schmackhafte Alternative zur Regalware.

Vom Metzger zum Full-Service-Betrieb

Der bodenständige „Metzger um die Ecke" tut heute sehr viel, um trotz veränderter Rahmenbedingungen bestehen zu können. Qualifizierte, motivierte Fachkräfte in der Produktion und im Verkauf erarbeiten immer wieder neue Wege, um den Verbraucher von der hohen Qualität handwerklich erzeugter Fleisch- und Wurstwaren zu überzeugen. Mit großem Engagement bietet die Metzgerei von heute Serviceleistungen wie Imbiss und Heiße Theke, Mittagstisch, Catering und Party-Service bis hin zum Food Truck und Online-Shop. Gerade im Bereich der Feste und Familienfeiern genießen viele Kunden den Service des Metzgers unter dem Motto „All inclusive", wozu die Buchung bzw. Bereitstellung von Locations, die Dekoration und viele weitere organisatorische Details gehören. Über allem schwebt dabei der wichtigste Grundsatz der Metzgerei-betriebe: Individualität, Frische, Verbrau-chernähe und eine qualifizierte Beratung zu bieten.

Bewusster Genuss

Auf den folgenden Seiten verraten Metzgermeister zwischen Schwarzwald und Kaiserstuhl, was ihnen Handwerk und Genuss bedeuten. In der Vergangenheit und heute. Ihre besten Koch- und Grillrezepte machen Appetit darauf, Fleisch aus der Perspektive des Genusshandwerkers zu erleben und sich meisterlich zu verwöhnen – oder verwöhnen zu lassen. In diesem Buch finden Sie auch die passenden Weinempfehlungen sowie die Adressen der Metzgereien und Weinbaubetriebe, die Sie gerne beraten.

Ein Metzger macht mobil

Kurt Binder *Metzgerei Binder, Forchheim*

Standzeiten in der Freiburger Sundgauallee, im Stadtteil Stühlinger, in Riegel und zu Hause in Forchheim zu sein.

Mit seinem fröhlichen Firmenauftritt in Gelb und Blau wird Binder von den Stadtbewohnern als Metzger vom Land wahrgenommen, der immer ein Ohr für seine Kunden hat und sie gerne in die Entscheidungsfindung einbezieht, wenn er zum Beispiel eine neue Bratwurst entwickelt. Begehrt bei der Kundschaft sind auch seine frischen Hähnchen aus Bodenhaltung, die in der Aufzucht doppelt so alt werden dürfen wie ein billiges Tiefkühl-Hähnchen aus dem Supermarkt.

Kurt Binder, der auch einige Jahre in der deutschstämmigen Siedlung Tovar in Venezuela gearbeitet hat, ist dem Badischen in seinem Sortiment immer treu geblieben.

Zwei Koteletts vom Lamm und eine Putenbrust für den jungen Mann, 100 Gramm badischer Parmaschinken und eine Scheibe Schwartenmagen für die ältere Dame: Es ist ganz schön was los am Verkaufswagen der Metzgerei Binder, vor dem sich immer wieder eine Schlange bildet mit Leuten, die es kaum erwarten können, ihr herzhaftes Glück in die Einkaufstasche zu packen. Kurt Binder hat sich darauf spezialisiert, eine mobile Metzgerei mit zwei Verkaufswägen und

Zum Beispiel mit dem Saftschinken, der noch eine Form wie zu Großvaters Zeiten hat oder den kleinen Schwarzwürstchen, die auf Wunsch der Freiburger gern eine leichte Chilinote haben dürfen.

Kaiserschdiähler Ofesteaks

[Kaiserstühler Ofensteaks]

für 4 Personen

· 8 kleine oder 4 große Schweinerückensteaks
  (insgesamt ca. 600 g)
· 4 Zwiebeln
· 250 g frische Champignons
· 400 g gekochter Schinken, gewürfelt
· 400 g Sauerrahm
· 4 Tomaten
· 1 kl. Tüte (10 g) getrocknete Steinpilze
· 3 EL Paniermehl
· 1 EL grüner, eingelegter Pfeffer
· 40 g Butter
· Öl
· Salz, Pfeffer, Paprika

Steinpilze in 100 ml heißem Wasser einweichen. Zwiebeln fein würfeln, Champignons in Scheiben schneiden. Steaks mit Salz, Pfeffer und Paprika würzen, von jeder Seite 2 Min. in Öl anbraten und in eine Auflaufform geben. In einer Pfanne Champignons und Zwiebeln in Butter weich dünsten. Schinken leicht mitdünsten. Steinpilze aus dem Wasser nehmen und kurz abspülen. Steinpilz-Fond durch ein Tuch oder einen Papierfilter seihen und beiseite stellen. Tomaten vom Strunk befreien, 10 Sek. in kochendem Wasser brühen und sofort in kaltes Wasser legen.

Tomaten schälen, Kerne entfernen und grob würfeln. Steinpilz-Fond mit Sauerrahm und Paniermehl verrühren, zur Zwiebelmasse in die Pfanne geben und einmal aufkochen. Grünen Pfeffer, Steinpilze und Tomaten hinzugeben. Sauce über den Schnitzeln verteilen, abdecken und über Nacht im Kühlschrank ziehen lassen. Bei 125-150° (Umluft) ca. 1,5 Std. garen. Sofort servieren und grünen Salat sowie ein feines Brot dazu reichen.

Unsere Weinempfehlung:

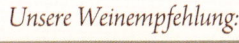

Spätburgunder Rotwein trocken vom Kaiserstuhl, der Gemütlichkeit ausstrahlt, den Gaumenumschmeichelt und mit dem heißen Genuss aus dem Ofen harmoniert.

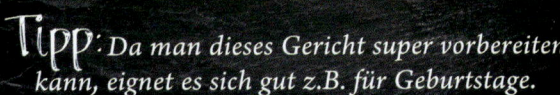

Tipp: *Da man dieses Gericht super vorbereiten kann, eignet es sich gut z.B. für Geburtstage.*

Kalbstafelschbitz im Niedrigtempradürverfahre

[Kalbstafelspitz im Niedrigtemperaturverfahren]

für 4 Personen

· *1 kg Kalbstafelspitz*
· *Pfeffer, Salz*
· *Olivenöl*

Unsere Weinempfehlung:

Weißer Burgunder trocken. Seine finessenreichen exotischen Anklänge bewirken ein wunderbares Aromenspiel mit dem Kalbfleisch.

Ofen auf 80° Ober-/Unterhitze vorheizen. Kalbstafelspitz mit Pfeffer und Salz würzen und von allen Seiten in Olivenöl 5 Min. scharf anbraten. Anschließend in einem Bräter etwa 4 Std. im Ofen garen. Wer ein Fleischthermometer benutzt: Beim Herausholen sollte das Fleisch eine Kerntemperatur von 65° haben. Tafelspitz in Scheiben schneiden, auf eine vorgewärmte Platte legen. Als Beilagen eignen sich Nudeln, Rosmarinkartoffeln, Rosenkohl, Blattspinat oder Mangold.

Schwiensbroodis uf griechischi Art

[Schweinebraten auf griechische Art]

für 4 Personen

· *600-700 g Schweinerücken*
· *150 g Schafskäse*
· *getrocknete oder frische Gewürze*
  (z.B. Koriander, Paprika, Oregano,
  Petersilie, Knoblauch)
· *Salz, Pfeffer*
· *Olivenöl*

Unsere Weinempfehlung:

Riesling trocken. Fruchtig, unkompliziert und erfrischend wie ein Urlaub am Mittelmeer, unterstreicht er die Würze der Schafskäsefüllung.

Vom Metzger eine Tasche in das Fleisch schneiden lassen, so dass es gefüllt werden kann. Aus Gewürzen, Salz, Pfeffer und Öl eine Marinade anrühren. Fleisch innen mit der Marinade bestreichen, Käse hineinlegen und die Tasche mit einer Fleischnadel und Küchenbindfaden zunähen. Außen das Fleisch ebenfalls mit der Marinade bestreichen. Bei 160° (Umluft) im Ofen ca. 1 Std. 20 Min. braten (pro Zentimeter Bratenhöhe: 10 Min. Garzeit). Braten aus dem Ofen nehmen und 10 Min. unter Alufolie ruhen lassen. Zum Servieren in Tranchen schneiden. Als Beilage empfehlen sich Kartoffelgratin, Rosmarinkartoffeln oder Baguette und grüner Salat.

Mittags beim Metzger

Bruno und Mario Brand *Metzgerei Brand, Kenzingen*

In dieser Familie ist der Name Programm: Bruno und Mario Brand „brennen" für ihr Handwerk – und die Verarbeitung ihres Qualivo-Fleisches, das sich Premium-Fleisch nennen darf. Bruno Brand, der 2001 die Metzgerei Meier in Kenzingen übernahm, war der erste Metzger in Südbaden, der die Lizenz zum Verkauf von Qualivo-Rindfleisch erwarb. Qualivo steht für kontrolliertes, zertifiziertes Fleisch aus artgerechter Tierhaltung. Die Tiere werden ausschließlich mit einem speziellen Futter aus Getreide und Kräutern sowie Heu ernährt und leben in kleinen Gruppen in mit Stroh gestreuten, offenen Ställen. Die trockengereiften Rinderkoteletts der Metzgerei Brand sind bereits auf Vorbestellung weg, so sehr schätzen die Kunden das schön marmorierte, zarte Fleisch. Genauso die vielen Salamisorten, zum Beispiel mit Haselnüssen und Fenchel oder würzig wie eine spanische Chorizo.

Hochbetrieb herrscht bei den Brands täglich zur Mittagszeit an den Bistrotischen, wo Arbeitnehmer und Schüler ihr kulinarisches Glück suchen. Für die Jugend gibt es Gerichte zum attraktiven Preis und einen Stempel ins Bonuskärtchen obendrauf – zur Freude der Eltern, die ihren Nachwuchs in der Pause gut aufgehoben wissen.

Und am Wochenende? Da sind Bruno Brand und Sohn Mario mächtig gefragt. Besonders im Sommer, um Leute in Feierlaune mit Herzhaftem vom Barbecue-Smoker zu verwöhnen. Auf Wunsch als Rundum-sorglos-Paket, von der Locationsuche und Dekoration über Fleischauswahl, Salate, Brot, Dessert und Getränke bis hin zum freundlichen Service.

Carpaccio vum Rinderfilet

[Carpaccio vom Rinderfilet]

für 4 Personen

· *300 g Rinderfilet (Mittelstück, küchenfertig)*
· *70 g Schalotten*
· *1 Knoblauchzehe*
· *5 Stiele Blattpetersilie*
· *150 g frische Tomaten*
· *150 g Steinchampignons*
· *50 g Rucola*
· *40 g Parmesan*
· *10 EL Olivenöl*
· *4 EL weißer Aceto Balsamico*
· *Salz, Pfeffer*

Rinderfilet fest in Klarsichtfolie einrollen, dann in Alufolie wickeln und für 2-3 Std. in den Gefrierschrank legen. Schalotten in feine Streifen schneiden. Knoblauch und Petersilie fein hacken. Tomaten überbrühen, schälen, entkernen und das Fruchtfleisch in kleine Würfel schneiden. Pilze in dünne Scheiben schneiden. Rucola waschen, Stiele entfernen und in mundgerechte Stücke zupfen. Parmesan zu Spänen hobeln.

5 EL Olivenöl erhitzen, Schalotten und Knoblauch darin glasig dünsten. Mit Aceto Balsamico ablöschen. Vom Herd nehmen, Tomaten und Petersilie zugeben. Mit Salz und Pfeffer würzen. Restliches Öl in einer Pfanne erhitzen und die Champignons darin von beiden Seiten anbraten. Mit Salz und Pfeffer würzen und auf Küchenpapier abtropfen lassen.

Rinderfilet aus der Folie wickeln. Noch im gefrorenen Zustand auf der Aufschnittmaschine in 1-2 mm dünne Scheiben schneiden und sofort auf flachen Tellern anrichten. Pilze darauf verteilen und mit der Tomatenmasse beträufeln. Mit Rucola und Parmesanspänen bestreuen.

Unsere Weinempfehlung:

RARUS NOIR trocken
1. Gewächs. Ein Blauer
Spätburgunder par excellence,
mit Duft nach Süßkirsche,
fein eingebundenen Tanninen
und kräftigem Abgang.

BADEN
BURKHART
WEINMANUFAKTUR
Malterdingen im Breisgau

Lammkarree mid Gridderkruschde

[Lammkarree mit Kräuterkruste]

für 4 Personen

· 800 g Lammkarree
· 4 EL Sonnenblumenöl
· 3 Schalotten
· 1 Bund Blattpetersilie
· frischer Thymian und Liebstöckel
· 50 g Semmelbrösel
· 50 g Parmesan
· 60 g Butter, zimmerwarm
· 1 Ei
· Salz, Pfeffer
· Senf

Fleisch trocken tupfen und pfeffern. Schalotten in sehr feine Würfel schneiden. Kräuter waschen und fein hacken. Semmelbrösel, geriebenen Parmesan, Schalottenwürfel, Kräuter, Butter undEi miteinander verkneten, bis alles vermischt ist. Fleisch in heißem Öl anbraten, danach aus der Pfanne nehmen, salzen und mit Senf bestreichen. Kräutermasse darauf verteilen. Im Ofen 10 Min. bei 200° überbacken. Lammkarree aus dem Ofen nehmen und 10 Min. in Alufolie eingehüllt ruhen lassen.

Als Beilagen empfehlen sich eine Kartoffel-Gemüse-Pfanne mit Paprika und Zwiebeln, Rosmarinkartoffeln oder ein bunter Salat.

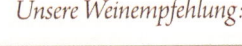

Unsere Weinempfehlung:

PINOT NOIR trocken 2. Gewächs. Mit einem Duft nach reifer Sauerkirsche und Cassis, feiner Tanninstruktur und elegantem Abgang.

BADEN
BURKHART
WEINMANUFAKTUR
Malterdingen im Breisgau

Osso Buco vum Kalb

[Osso Buco vom Kalb]

für 4 Personen

- *4-5 Kalbsbeinscheiben*
- *500 g Karotten*
- *500 g Sellerie*
- *500 g Zwiebeln*
- *5 Knoblauchzehen*
- *$^1/_2$ l Spätburgunder Rotwein*
- *800 g Tomaten aus der Dose*
- *5 frische Tomaten*
- *6 EL Olivenöl*
- *50 g Mehl*
- *Salz, Pfeffer*
- *frischer Rosmarin und Thymian*
- *200 ml Wasser*
- *Mehl*

Unsere Weinempfehlung:

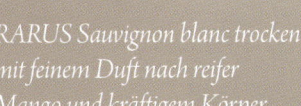

RARUS Sauvignon blanc trocken mit feinem Duft nach reifer Mango und kräftigem Körper.

Beinscheiben trocken tupfen, salzen, pfeffern und in Mehl wenden. Gemüse waschen. Karotten, Sellerie, Zwiebeln und Knoblauch schälen und mit Tomaten zusammen in gleichmäßige Würfel schneiden. In einem großen Bräter Öl erhitzen und die Beinscheiben bei mittlerer Hitze darin anbraten. Anschließend herausnehmen und beiseite stellen. Im Bratensud Zwiebelwürfel anbraten. Gemüse und Knoblauch dazugeben und kurz mitbraten. Tomaten daraufgeben und mit dem Rotwein ablöschen. Wasser, Rosmarin, Thymian, je zwei Prisen Salz und Pfeffer hinzufügen. Beinscheiben in den Sud legen. Alles zugedeckt bei 160° im Ofen ca. 1 Std. schmoren lassen. Beinscheiben einmal im Sud wenden und nochmals 1 Std. garen. Das Fleisch ist perfekt, wenn es sich leicht vom Knochen lösen lässt. Dazu Nudeln oder Rosmarinkartoffeln servieren.

Billig können andere besser

Dirk Brunner und Peter Rüdlin *Metzgerei Brunner & Rüdlin, Hügelheim*

Dirk Brunner und Peter Rüdlin ist es sehr wichtig, Fleisch von in der Region beheimateten Rinderrassen und Schweinen zu verarbeiten, wobei sie dem Hinterwälder Rind und dem Mangalitza-Wollschwein den Vorzug geben. Weil ihnen kein Hersteller die passenden Gewürze nach ihrem Geschmack liefern konnte, begannen die beiden auch, selbst zu mischen und damit unabhängig von jeglichen Vorgaben zu sein.

Metzgerskunst wie zu Großvaters Zeiten, gepaart mit zeitgemäßem Pfiff und einer unbändigen Lust auf kompromisslose Qualität: Seit 2001 haben sich Dirk Brunner und Peter Rüdlin am Standort der früheren Metzgerei Grether bei Fleischliebhabern und ganz besonders in Deutschlands Grillszene einen Namen gemacht.

Nicht missionarisch, sondern einfach aus Leidenschaft steckt Brunner seine Kunden mit der Art zu grillen an, wie es einst die ersten Siedler in Amerika taten – fernab von in Plastik eingeschweißten „Neon-Steaks" aus der Discounter-Kühltruhe. In Kursen kann man bei ihm die amerikanischen Zuschnitte und das Spektrum der Outdoor-Küche kennen lernen, vom Garen im gusseisernen Schmortopf (Dutch Oven) über das Grillen bis zum Barbecue im Smoker oder Keramikgrill (Kamado).

Selbstredend ist das Dry-aged Beef ein Renner in dieser Metzgerei, aber auch das von den beiden Metzgermeistern kreierte „Dörrle": ein Schwarzwälder Bio-Dörrfleisch, das wie ein Power-Riegel genossen wird und als eiweißreicher Snack bei Sportlern beliebt ist. Die Verpackung drumrum ist aus einem nachwachsenden Rohstoff und kompostierbar – womit sich der Kreis wieder schließt und Brunner & Rüdlins Philosophie durchblitzt, sich so gut es geht im Einklang mit der Natur zu ernähren.

Schwarzwälder Heubroode

[Schwarzwälder Heubraten]

für 4 Personen

· *1 kg Bürgermeisterstück vom Hinterwälder Rind*
· *frisches Heu vom Bio-Bauern*
· *Luisenhaller Tiefensalz*
· *Pfeffer*
· *je 1 frischer Rosmarin- und Thymianzweig*

Heu waschen und 10 Min. im Wasser einweichen. Abtropfen lassen und auf der Arbeitsfläche ausbreiten. Kräuter darauf verteilen. Fleisch salzen und pfeffern, auf das Heu legen. Heu um das Fleisch wickeln und mit Küchengarn fixieren.
Braten auf dem Grill bei indirekter Hitze mit 120° Raumtemperatur auf eine Kerntemperatur von 55° garen (Fleischthermometer verwenden!).

Unsere Weinempfehlung:

Spätburgunder Selektion Zähringer, im Barrique gereift, körperreich und kräftig.

Und so geht's:

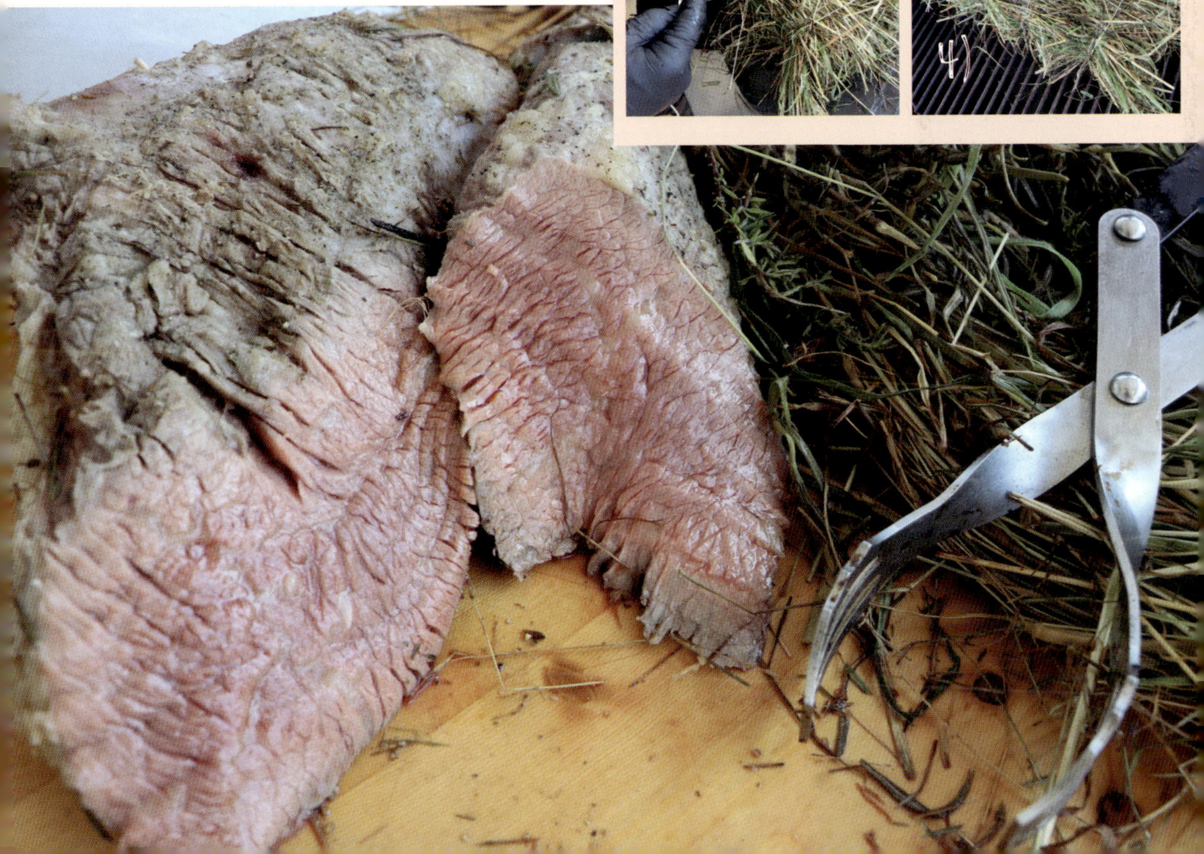

's perfegde T-Bone-Steak vum Grill

[Das perfekte T-Bone-Steak vom Grill]

· *T-Bone Steak vom Hinterwälder Rind*
  (vorzugsweise Färse oder Ochse,
  4-5 Wochen trockengereift)
· *Luisenhaller Tiefensalz*

Fleisch 1 Std. vor Grillbeginn aus der Kühlung nehmen. Das Steak sollte Zimmertemperatur erreicht haben, bevor es auf den Grill gelegt wird. 10 Min. vor dem Auflegen salzen.

Grill voll aufheizen (Gitterroste müssen richtig heiß sein). Fleisch direkt über der Glut auflegen. Nach 1,5 Min. Steak um 90° drehen. Weitere 1,5 Min. grillen. Fleisch wenden. „Selbes Spiel" von dieser Seite. Jetzt erhält das Steak auf beiden Seiten ein schönes Karomuster, das sogenannte „Branding" – schön für die Optik, und die Röstaromen sind gut für den Geschmack. Steak bei indirekter Hitze auf 53° Kerntemperatur fertig grillen (Fleischthermometer verwenden!). Fleisch vom Grill nehmen und ca. 10 Min. ruhen lassen.

Das Fleisch entspannt jetzt und die Säfte verteilen sich. T-Bone-Steak aufschneiden und in Tranchen servieren.

Unsere Weinempfehlung:

Zähringer Merlot, trocken,
mit einem Duft nach intensiv
beerigen Aromen.

ZÄHRINGER
WEINGUT
Seit 1844

G'rilldi Schellribbli

[Spare Ribs] *nach der „3-2-1"-Methode*

für 10 Personen

· 4 kg Baby Back Ribs oder Ribs
  nach dem St. Louis Cut vom Schwein
· Apfelsaft

Für die Gewürzmischung:
· 60 g Luisenhaller Tiefensalz
· 8 g Pfeffer
· 4 g Kümmel, gemahlen
· 4 g Muskat
· 4 g Paprika, gemahlen
· 10 g Zwiebeln, getrocknet und gemahlen
· 10 g Knoblauch, getrocknet und gemahlen
· 60 g Rohrzucker

Gewürze, Salz und Zucker miteinander
vermischen. Ribs 6 Std. vor dem Grillen mit
der Gewürzmischung einreiben und
in einem geschlossenen Behälter im Kühlschrank lagern. 1 Std. vor dem Garen aus
dem Kühlschrank nehmen.
Grill oder Smoker aufheizen und Lufteinf-
lässe so weit öffnen, dass 100-120° konstant
bleiben. Ribs auflegen. Räucherwerk in die
Feuerbox geben.
3 Stunden räuchern. Dann Ribs auf eine
Edelstahl-Grillschale legen, etwas Apfelsaft
darauf geben und mit einem feuerfesten
Material abdecken.
2 Stunden köcheln lassen. Jetzt Ribs mit
BBQ-Sauce (siehe rechts) bepinseln und
1 Stunde karamellisieren. Die Knochen
müssen sich leicht lösen lassen.
Fertig!

Unsere Weinempfehlung:

Zähringer Johanniter, trocken,
mit kräftig reifen Aromen
von Apfel, Mandarinen bis
hin zur Quitte.

ZÄHRINGER
WEINGUT
Seit 1844

BBQ-Seeßli

[BBQ-Sauce]

· 100 g Tomatenmark
· 50 g Sonnenblumenöl
· 1 l Kirschsaft
· 3 Knoblauchzehen, fein gehackt
· 2 rote Zwiebeln, fein gehackt
· 20 ml Limettensaft
· 20 g brauner Zucker
· 1 TL Senf
· 20 g Paprikapulver
· 10 g Chilipulver
· 1 Messerspitze Zimt, gemahlen
· 1 Messerspitze Nelken, gemahlen
· 30 g Luisenhaller Tiefensalz
· 3 g Pfeffer, gemahlen

Zwiebeln und Knoblauch in Öl glasig
dünsten. Zucker dazugeben und karamellisieren. Tomatenmark hinzufügen, anrösten. Mit Kirschsaft ablösen. Gewürze
und weitere Zutaten einmischen und die
Sauce einkochen, bis eine sämige Konsistenz erreicht ist. Abschmecken und nach
Geschmack nachwürzen und schärfen.

Köstlicher Kaiserstuhl

Markus Dirr *Metzgerei & Wursterei Peter Dirr, Endingen*

Wenn es Metzgereien gibt, die ihre Nische gefunden haben, dann zählt die Endinger Metzgerei & Wursterei Peter Dirr dazu. In VHS-Kursen, in Zusammenarbeit mit Slow Food Freiburg, erhalten Interessierte immer wieder einen Einblick in das Refugium von Inhaber Markus Dirr, der den Betrieb zu einem der kulinarischen Aushängeschilder des Kaiserstuhls gemacht hat.

Der Metzgermeister, der bei Franz Keller jun. in Köln auch den Beruf des Kochs erlernte, verbindet gerne ursprüngliches Metzgerhandwerk mit den Finessen der Gourmet-Küche. Würste werden bei Dirr noch wie vor 100 Jahren von Hand abgebunden, und verkauft wird nur, was aus der eigenen Produktion stammt.

Ein Schwerpunkt sind die exklusiven Schinken und Salamis, die fast ausnahmslos luftgetrocknet werden. In einem speziellen, komplett mit Tonziegeln ausgekleideten Raum reifen über Monate Dirrs Spezialitäten wie Schinken aus der Nuss mit Koriander und Thymian, aus der Hüfte mit Fenchelsamen, der „Salbei-Lummel" oder der „Culatello vom Kaiserstuhl". Daneben bietet er seinen Kunden Raritäten wie eine Wildschweinsalami mit Mandeln und Rosinen, zu der er sich in der Toskana inspirieren ließ.

Von den Tieren verwertet wird in diesem Betrieb so viel wie möglich. So entstehen aus den zahlreichen Knochen, die bei der Verarbeitung von Lamm, Kalb oder Wild anfallen, feine Kraftbrühen und Saucen ohne Zusätze, die für den Genusshandwerker Dirr ein Muss zum guten Fleisch sind. Wenn`s noch etwas feiner sein soll, findet man im Sortiment auch Kaiserstühler Wildpastete, Fleischpastete mit Morcheln und Kräutern oder Leberpastete vom Geflügel mit Steinpilzen. Dazu darf ein hausgemachtes Quittengelee nicht fehlen.

Crepinette vum Milchkalbskotelett

[Crepinette vom Milchkalbskotelett]

für 4 Personen

· *4 Milchkalbskoteletts mit langem Stiel (à ca. 280 g)*
· *400 g Schweinenetz (beim Metzger vorbestellen)*
· *ca. 200 g Pfifferlinge*
· *300 ml Kalbsjus*
· *100 ml Weißer Burgunder*
· *300 g Butter*
· *3 EL Semmelbrösel*
· *1 Bund Blattpetersilie*
· *1 Bund Salbei*
· *2 Schalotten*
· *2 mittelgroße Fenchelknollen*
· *100 ml Olivenöl*
· *Saft einer Zitrone*

Für den Nudelteig:
· *130 g Eigelb*
· *100 g Vollei*
· *400 g Weizenmehl Typ 00*
· *100 g Hartweizendunst (z.B. aus dem Mühlenladen)*
· *1 Msp. Kurkuma, Salz*

Unsere Weinempfehlung:

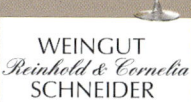

Eine Ruländer Spätlese trocken – C – mit dezenter Melonenaromatik unterstreicht dieses Gericht.

Koteletts würzen, leicht mehlieren, kurz beidseitig in Butter anbraten und wieder kalt stellen. Schweinenetz in kaltem Wasser gut wässern. Pfifferlinge in 2 mm dicke Scheiben schneiden. Übrige Pilzstücke in Brunoise (Würfel) schneiden. Kräuter waschen und hacken, Schalotten in feine Brunoise schneiden und in Butter anziehen. Koteletts mit der Hälfte der Schalotten und Kräuter bestreuen, darauf je 3 Pfifferlingsscheiben dekorativ verteilen und mit wenig Schweinenetz umwickeln (nur soviel nötig ist, um die Pilze zu fixieren).

Nudelteig am besten von Hand herstellen, dünn auswellen und zum Trocknen auf Tüchern auslegen.
Fenchel waschen, von groben Fäden befreien, halbieren, Strunk herausschneiden und quer zur Faser in Streifen schneiden. Koteletts in Öl anbraten, die Hälfte der Butter hinzugeben und zuerst auf der Pilzseite anbraten, danach wenden. Ca. 15 Min. bei 150° im Ofen weitergaren. Danach mind. 10 Min. ruhen lassen.

Nudelplatten aufrollen und in ca. 3 cm breite Streifen schneiden. In Salzwasser kochen und direkt in Butter mit den Semmelbröseln und dem Fenchelgrün schwenken. In einer anderen Pfanne Fenchel in Öl braten und mit Salz, Pfeffer und Zitronensaft abschmecken. Für die Sauce restliche Schalotten mit Pfifferling-Brunoise nochmals anbraten und mit Weißburgunder ablöschen. Mit der Kalbsjus auffüllen, zur Hälfte reduzieren und mit der restlichen kalten Butter montieren. Nudeln in der Tellermitte platzieren, das Kotelett drapieren, den Fenchel rundum verteilen und die Nudeln vorsichtig mit der Sauce nappieren.

G'reschdedi badischi Sulz

[Geröstete Kutteln nach badischer Art]

für 4 Personen
- 3000 g Labmagen oder Blättermagen, gebrüht und von schwarzer Haut befreit
- 2 Kalbsfüße, geviertelt

Für die Sauce:
- 200 ml Kalbsjus
- 100 ml Weißer Burgunder
- 100 g Butter
- 1 Schalotte, fein gehackt

Zum Würzen und Braten:
- 100 g Schmalz
- 2 EL Petersilie, gehackt
- 2 Schalotten, fein gehackt
- 12 Cocktailtomaten
- 30 g Meersalz
- 10 g schwarzer Pfeffer aus der Mühle

Für die Beilage:
- 800 g Kartoffeln, geschält und in kleine Würfel geschnitten
- 2 EL Petersilie, gehackt
- 100 ml Traubenkernöl
- 100 g Butter
- Salz, Pfeffer

Magen (Sulz) und Kalbsfüße mind. 2 Std. in Wasser kochen. Wenn sich das Gewebe leicht mit dem Daumen und Zeigefinger durchdrücken lässt, sind sie weich. In kaltem Wasser abkühlen und noch lauwarm von sämtlichen braunen Stellen und Fettgewebe befreien. Kalbsfüße vom Knochen lösen und mit der Sulz über Nacht in eiskaltem Wasser auskühlen. Am nächsten Tag Sulz und Haut der Kalbsfüße in ca. 3 mm breite und 4 cm lange Streifen schneiden. In mehreren Portionen in Schmalz anbraten, bis sie knusprig sind. Warmstellen. Kartoffelwürfel in Traubenkernöl goldbraun braten und mit Butter, Salz, Pfeffer und Petersilie abschmecken. Für die Sauce Schalotten in Butter braten, mit Wein ablöschen, mit Kalbsjus auffüllen und auf die Hälfte reduzieren. Evtl. mit 2-3 kalten Butterwürfeln montieren und mit Salz und Pfeffer würzen.

Zum Anrichten am besten in einer handgeschmiedeten Pfanne 2 Schalotten in Butter braten, Tomaten vierteln und hinzugeben, knusprige Sulz unterheben und mit den Kartoffeln umschließen.
Über die Sulz 1-2 Löffel Sauce tröpfeln, den Rest in einer Saucenschüssel servieren. Nach Belieben mit gehackter Petersilie bestreuen.

Unsere Weinempfehlung:

Chardonnay Spätlese trocken. Ein feinfruchtiger Vertreter seiner Art, der zu einem zweiten Gläschen einlädt.

WEINGUT
Reinhold & Corneli
SCHNEIDER

Mariniede Kalbskopf

[Marinierter Kalbskopf]

für 4 Personen

· *1 Kalbskopf mit Zunge*
· *1 Karotte*
· *1 mittelgroße Sellerieknolle*
· *1 Zwiebel*
· *1 Stange Lauch*
· *1 l Weißer Burgunder*
· *4 Lorbeerblätter*
· *50 g weiße Pfefferkörner*
· *1 Bund Blattpetersilie*
· *2 Schalotten*
· *1 Hand grobes Meersalz*

Für die Marinade:
· *80 g Gerstengraupen, fein*
· *60 g rote Linsen*
· *1 rote Chilischote, in feinen Scheiben*
· *1 Schalotte, fein gewürfelt*
· *100 g Mandeln, in feinen Scheiben geröstet*
· *100 ml Olivenöl*
· *30 ml Kaiserstühler Balsam-Essig*
· *schwarzer Pfeffer aus der Mühle*
· *Fleur de Sel*
· *Basilikumpesto, Basilikumblätter*

Kalbskopf gut abwaschen, halbieren, Hirn herausnehmen und in einem großen Topf in lauwarmem Wasser auf kleiner Flamme auf den Herd setzen. Mit moderater Hitze langsam zum Köcheln bringen und immer wieder gründlich abschäumen. Nach ca. 1 Std. ist die Zunge fertig und lässt sich schälen. Nach ca. 1,5 Std. Gemüse, Gewürze, Wein und Salz zugeben. Nach ca. 2 Std. sollte der Kopf weich sein. Mit einem großen Schaumlöffel aus dem Topf nehmen, kurz in kaltem Wasser abschrecken, vom Knochen lösen und die abgelöste Maske von zu viel Fettgewebe befreien. Abwechselnd Haut, Fleisch und Zunge in eine Form schichten, die man

mit einem Deckel pressen kann oder mit einem schweren Gegenstand beschweren sollte. Nach ca. 12 Std. Abkühlzeit aus der Form nehmen und in hauchdünne Scheiben schneiden.

Graupen und Linsen mit Biss kochen (Graupen ca. 8 Min., Linsen ca. 5 Min.) und im kalten Wasser abkühlen. Essig, Schalotte und Öl mit Gewürzen verrühren und vier Teller mit etwas Marinade bestreichen. Jeden Teller mit je ca. 150-200 g Kalbskopfscheiben belegen. In die Schüssel mit der restlichen Marinade Linsen und Graupen geben, nochmals abschmecken und auf dem Kalbskopf verteilen. Mandeln und Chili darüber verteilen. Basilikumpesto am äußeren Rand des Kalbskopfes drappieren und mit Basilikum garnieren.

Unsere Weinempfehlung:

Weißer Burgunder Spätlese trocken mit Zitrusaromatik – ideal zum marinierten Kalbskopf.

WEINGUT
Reinhold & Cornelia
SCHNEIDER

Tipp: *Der Kalbskopf schmeckt in der kälteren Jahreszeit noch besser, wenn er etwas temperiert ist oder der Teller erwärmt wird.*

Metzgen mit Muse

Wolfgang Ehret *Metzgerei Ehret, Weisweil*

Im Jahr 1988 übernahm Wolfgang Ehret mit seiner Frau Marion die Weisweiler Traditionsmetzgerei Bär und baute sie zu einer Landmetzgerei aus, die heute für Regionalität und Transparenz steht. Wichtig sind ihm der direkte Kontakt zu den Landwirten und die kurzen Wege der Schlachttiere, die aus den Nachbarorten kommen. Es ist seine Leidenschaft, sein Fleisch aus der eigenen Schlachtung noch schlachtwarm zu Schwarz- und Leberwurst zu verarbeiten oder die Weisweiler Rauchwurst herzustellen, die es nur in seinem Heimatort gibt. Ein gefragter Mann ist der Metzgermeister auch wegen des „Dungili", einer traditionellen Spezialität, die das „Nationalgericht" von Weisweil ist. Wer es nicht ganz so deftig mag, wird mit Ehrets Rheinwälder Schinken fündig, der im Vergleich zum Schwarzwälder etwas milder ist.

Für Feierlustige steht die Metzgerfamilie mit ihrem Partyservice bereit. Ob Fingerfood, komplette Menüs, Mottopartys wie Bayerisches Oktoberfest, Badischer Abend, Chicken-Party oder das Gyros-Rundum-Paket für Jugendliche: Wenn Wolfgang Ehret – selbst als erster Vorsitzender des Musikvereins Weisweil

Opa Wilhelm und Vater Willi waren beide Hausmetzger im Nebenberuf, und so wuchs Wolfgang Ehret schon in frühen Jahren in seinen späteren Beruf hinein: Blut rühren, Schwarzwurstspeck schneiden oder Fleisch durch den Wolf lassen – für ihn schon als Bub die normalsten Dinge der Welt.

aktiv – und seine Töchter nicht gerade Musik machen, sind sie für alles zu haben.

Original Wiswieler Dungili

[Original Weisweiler Dungili]

für 6 Personen

- · *1 kg Schweinegulasch (vom Hals)*
- · *1 kg Dungilifleisch (Knorpelfleisch vom Bauch – beim Metzger vorbestellen)*
- · *250 g Schweineleber, geschnetzelt*
- · *Schweineschmalz*
- · *1,5-2 l Fleischbrühe*
- · *0,3-0,5 l Rotwein trocken*
- · *150 ml Blut (beim Metzger vorbestellen)*
- · *Salz, Pfeffer, Muskat*
- · *5 Lorbeerblätter, Nelken nach Geschmack*

Rassiger Spätburgunder Rotwein vom Kaiserstuhl, der es mit den rustikalen Zutaten des Dungili aufnimmt und dessen Würze angenehm verstärkt.

Schweinegulasch und Dungilifleisch würzen und im heißen Schmalz gut anbraten. Mit Brühe und Rotwein ablöschen. Nelken und Lorbeerblätter hinzugeben und Fleisch köcheln lassen, bis es weich ist. Sud abschmecken und abbinden. Blut unter die Sauce rühren und den Topf von der Herdplatte nehmen. Gleichzeitig Leber kurz im Schweineschmalz anbraten und zum Dungili geben.

bewusst? **In Weisweil reicht man grundsätzlich breite Nudeln UND Kartoffeln zu diesem traditionellen Fleischgericht.**

G'schmordi Ochsebäckli in Rotwiisoß'

[Geschmorte Ochsenbäckchen
  in Rotweinsauce]

für 4 Personen

· 800 g Ochsenbäckchen
· 400 g Wurzelgemüse, gemischt
· 2 Knoblauchzehen
· 4 Wacholderbeeren
· 3 Lorbeerblätter
· 2 Schalotten
· Salz, Pfeffer
· 1 EL Senf
· $^1/_2$ l Rotwein trocken
· 400 ml Fleischbrühe
· 70 ml Bratöl

bewusst? *Dieses schon fast in Vergessenheit geratene Gericht ist von der Sterneküche wiederentdeckt worden.*

Unsere Weinempfehlung:

Cabernet Sauvignon mit vollen, dichten Aromen nach Cassis, Brombeere und Wacholder, der Erinnerungen an feine Röstaromen weckt und wunderbar eingebundene Tannine entfaltet.

Fleisch mit Salz, Pfeffer und Senf würzen und im heißen Öl scharf anbraten. Schalotten, Knoblauch und Wurzelgemüse zerkleinern, zugeben und mit anbraten. Mit Rotwein ablöschen und auf die Hälfte reduzieren. Mit Fleischbrühe aufgießen, bis das Fleisch gut bedeckt ist. Ca. 3 Std. mit Wacholderbeeren und Lorbeerblättern köcheln lassen. Fleisch herausnehmen und die Sauce passieren. Sauce bei mittlerer Hitze bis zur gewünschten Konsistenz einkochen oder abbinden und abschmecken. Mit hausgemachten Knödeln und Gemüse servieren.

Schwiensfilet nach 's Waidmanns Art

[Schweinefilet nach Waidmanns Art]

für 4 Personen

- · *1 großes Schweinefilet*
- · *8 Scheiben Schinkenspeck*
- · *200 g Champignons, braun*
- · *50 g Schalotten*
- · *50 g Speckwürfel*
- · *150 g Kalbsbrät*
- · *etwas frische Petersilie*
- · *30 g Butter*
- · *Pfeffer, Salz*

Schweinefilet vom Metzger zum Füllen einschneiden lassen. Champignons und Schalotten klein schneiden und in Butter dünsten. Zum Schluss Speck und geschnittene Petersilie zugeben. Masse erkalten lassen und mit Kalbsbrät zu einer geschmeidigen Füllung verarbeiten. Schweinefilet innen und außen mit etwas Pfeffer und Salz würzen. Füllung gleichmäßig im Fleischinneren verteilen und Tasche zudrücken. Das Filet mit den Schinkenspeckscheiben ummanteln.
Im vorgeheizten Ofen (Umluft) bei 150° ca. 35 Min. braten.
Als Beilagen empfehlen sich Kartoffelgratin und ein bunter Blattsalat.

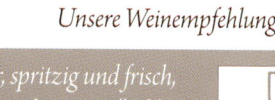

Unsere Weinempfehlung:

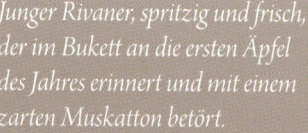

Junger Rivaner, spritzig und frisch, der im Bukett an die ersten Äpfel des Jahres erinnert und mit einem zarten Muskatton betört.

Alles, nur kein Schnickschnack

Robert Feißt *Metzgerei Feißt, Teningen*

Nur der starke Zusammenhalt half über den allzu frühen Verlust des Vaters hinweg, der Sohn Robert schon in jungen Jahren Verantwortung übernehmen ließ.

Je mehr der Einzelhandel auch in Teningen durch den Strukturwandel schrumpfte, umso froher sind die Einwohner um „ihre" Metzgerei. Sie ist die letzte ihrer Art im Ort und war früher an das Gasthaus zur Krone angegliedert, von dem heute noch die große Gaststube genutzt wird. In ihr finden Veranstaltungen „von Freud bis Leid", von Geburtstagen bis Trauerfeiern statt. Gut aufgestellt ist die Metzgerei Feißt im Bereich des Partyservice, der vom Bauernvesper bis zum Feinschmecker-Buffet und mehrgängigen Menü alles möglich macht.

Und das Sortiment im Laden? Alles, nur kein Schnickschnack! Viel lieber achtet Robert Feißt darauf, dass seine „normale" Lyoner nicht „normal" schmeckt, sondern durch das leichte Anräuchern eine besondere Note bekommt. Wenn dann noch Zeit bleibt, findet man den Metzgermeister und begeisterten Hobbylandwirt mit dem Unimog in seiner Obstanlage – und im Winter natürlich im warmen Brennhäuschen...

„Ein Mal am Tag muss die Salami den Metzger sehen", lautet das Motto von Robert Feißt. Eine seiner hausgemachten Sorten, deren Reifung er täglich überwacht, trägt den Namen „Anton-Salami" und ist eine Hommage an den Großvater und Gründer der Metzgerei Feißt in Teningen. Die Familie ist schon immer das A und O im Hause Feißt.

Badische Beischungge

[Badischer Beinschinken]

ab 20 Personen

· *1 Beinschinken mit ca. 8-9 kg*
· *3 Lorbeerblätter*
· *1 Thymianzweig*
· *4 Stängel Petersilie*
· *4 Knoblauchzehen*
· *1 Einmachkessel mit Drahteinsatz*
  (damit kein Kontakt zum Kesselboden
  entsteht)

Unsere Weinempfehlung:

Oberbergener Bassgeige
Grauburgunder, VDP. Erste Lage.
Mit seiner milden Säure und
würzigen Aromatik der ideale
Begleiter zum Beinschinken.

Beinschinken im Kessel mit Wasser bedecken und bei 75° 8 Stunden garen (Als Faustregel gilt: 1 Stunde Garzeit pro Kilo). Je nach Geschmack Lorbeerblätter, Thymian, Petersilie und Knoblauchzehen zum Wasser geben.

Dazu empfiehlt sich ein frisches Salatbuffet, auf dem badischer Kartoffelsalat, Bauernbrot, gekochte Eier und Senf nicht fehlen dürfen.

Tipp: *Besonders gut wird der badische Kartoffelsalat, wenn zum Anmachen etwas von der Schinkenbrühe verwendet wird.*

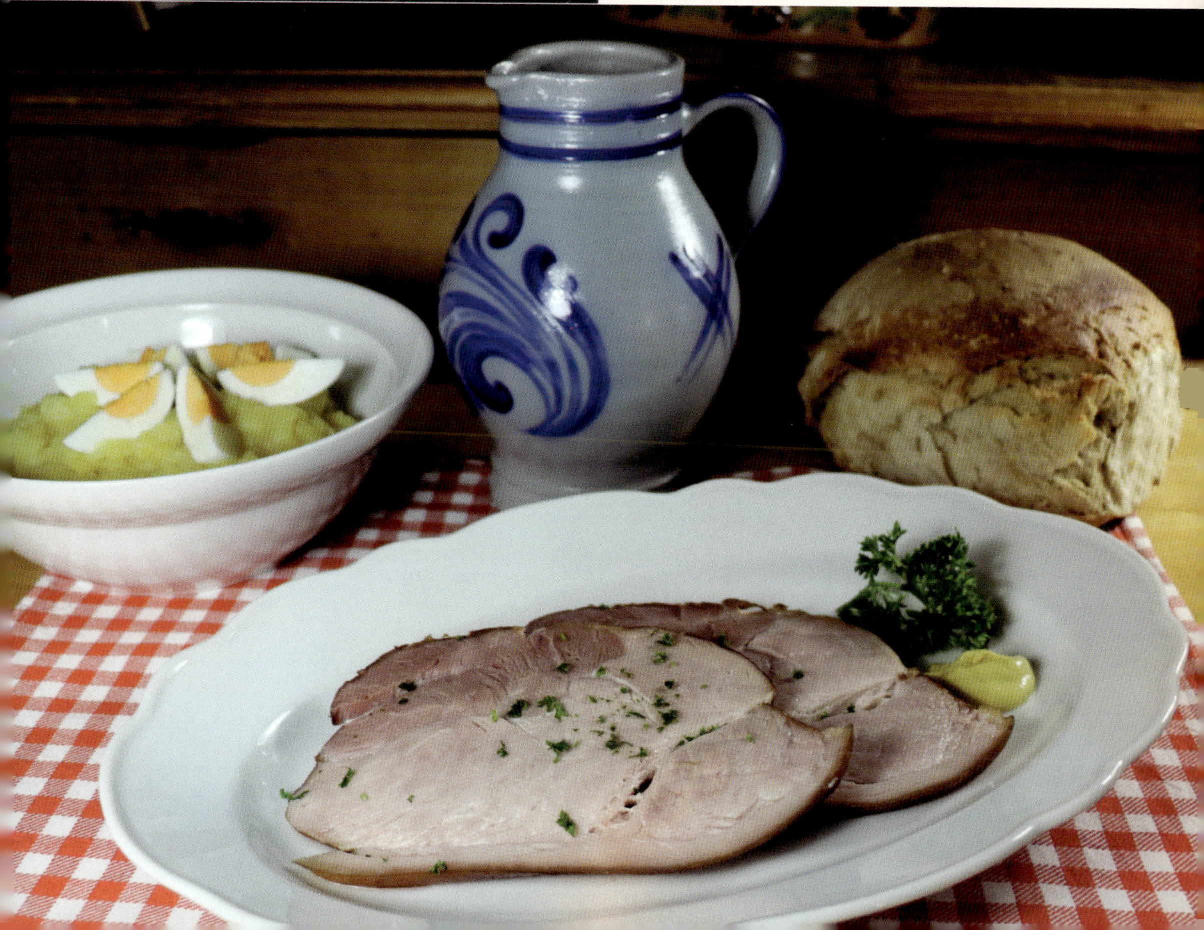

Rindsroulade

[Rinderrouladen]

für 4 Personen

· 6 Rinderrouladen
· 12 Scheiben Vesperspeck, dünn geschnitten
· 2 große Gewürzgurken
· Senf
· Salz, Pfeffer
· etwas Öl
· 800 ml Feine Bratensauce (oftmals beim
  Metzger hausgemacht in der Dose oder
  im Glas erhältlich)

Rinderrouladen auf der Arbeitsfläche ausbreiten, mit Salz und Pfeffer würzen, mit Senf leicht bestreichen, zwei Scheiben Vesperspeck und eine längs geviertelte Gewürzgurke darauflegen und einrollen. Jeweils mit einem Zahnstocher fixieren. Öl in einem Topf oder Bräter erhitzen und die Rinderrouladen rundherum darin anbraten, bis sie gut Farbe angenommen haben. Mit Bratensauce ablöschen und bei schwacher Hitze im geschlossenen Topf 90 Min. garen.
Dazu schmecken frisches Rotkraut, Kartoffelbrei oder breite Nudeln.

Unsere Weinempfehlung:

Spätburgunder FRANZ ANTON. Ein Spätburgunder, im Barrique gereift, mit einer leicht speckig-fleischigen Komponente. Hervorragend für Brat- und Schmorgerichte.

FRANZ KELLER

WEINE · RESTAURANTS · HOTEL

Tipp: *Nach Geschmack können die Rinderrouladen auch mit Zwiebelringen und gehackter Petersilie gefüllt werden.*

I'g'machd's Kalbfleisch

[Eingemachtes Kalbfleisch]

für 4 Personen

· *1 kg Kalbfleisch (Schulter oder Hals)*
· *1 Zwiebel, gespickt mit 2 Nelken und*
  1 Lorbeerblatt
· *Salz, Pfeffer*
· *2 l Wasser*

Für die Sauce:
· *60 g Butter*
· *60 g Mehl*
· *1/4 l Sahne*
· *Muskatnuss*
· *100 ml Weißwein, trocken*

Kalbfleisch in mundgerechte Würfel
schneiden, im Wasser aufkochen lassen,
abschäumen und die gespickte Zwiebel
dazugeben. Bei mittlerer Hitze ca. 20 Min.
köcheln lassen. Salz und Pfeffer dazugeben.
Während das Fleisch fertig gart, die Mehlschwitze zubereiten: Butter zerlaufen lassen.
Sobald sie schäumt, das Mehl unterrühren.
Weich gekochtes Fleisch aus der Brühe
holen. Heiße, abgeseihte Brühe langsam
unter Rühren zur kalten Mehlschwitze
geben. Sauce aufkochen lassen. Sahne,
Weißwein und Muskatnuss unterrühren,
nochmals abschmecken und das Fleisch
dazugeben.
Traditionell wird dieses Gericht mit
breiten Nudeln und grünem Salat serviert.

Unsere Weinempfehlung:

Weißburgunder „S" - Holzfass-
gereift (500 l). Die dezente
Würze durch den Fassausbau
und die Cremigkeit des Weines
unterstützen die Sauce.

FRANZ
KELLER

WEINE · RESTAURANTS · HOTEL

Freye Liebe in der Wurstküche

Emil und Daniel Frey *Metzgerei Frey, Denzlingen*

Als einziger noch verbliebener Denzlinger Traditionsbetrieb, der seit 1890 im Ort produziert und über die Ladentheke verkauft, ist die Metzgerei Frey ein kleiner Familienbetrieb geblieben, der nicht nur Wert auf handwerklich erzeugte Wurst-, Räucherwaren und erstklassiges Fleisch legt, sondern sich auch jeden Tag frisch in die Herzen seiner Kunden kocht. Typische Hausmannskost, verfeinert mit Kräutern aus Oma Margarethes Garten, begeistert große und kleine Genießer. Regelmäßig kommen sie wegen der feinen Fleischküchle und dem Kartoffelsalat, der „wie bei Muttern" schmeckt, und wenn sich an einem Tag die Warteschlange der Kunden bis zur Straße hinaus windet, weiß man, dass wieder einmal Cordon Bleu auf der Karte steht. Für junge und junggebliebene Fleischliebhaber gibt es immer mittwochs die frisch zubereiteten „Frey-Burger", die jeder Fastfood-Kette Konkurrenz machen.

Zu den Steckenpferden der Denzlinger Metzgerfamilie zählen neben Traditionsgerichten wie den „Kuttle" (warme Blut- und Leberwürste) auch die Feinkostsalate, die ungemein vielfältig und allesamt hausgemacht sind. Christine Frey nennt sie die „kleinen Freuden des Alltags". An ihrem Lächeln merkt man, dass es eine echte Freude ist, sie zu genießen.

Mit seinem Vater und Urgroßvater hat Emil Frey nicht nur seinen Vornamen gemeinsam, sondern auch die Leidenschaft für gutes Essen – insbesondere natürlich für gute Wurst und Fleisch. Der 60-jährige Metzgermeister hat das Zepter in der Wurstküche zwar bereits an Sohn Daniel übergeben, ist jedoch immer noch die große Stütze und als begnadeter Heimwerker der „Mann für alle Fälle", wenn es mal irgendwo klemmt.

Entrecôte vum Jungrind

[Entrecôte vom Jungrind]

pro Person
- *ca. 500 g Entrecôte vom Bullen (Zwischenrippenstück)*
- *Meersalz, schwarzer Pfeffer*
- *Bratöl (z.B. Sonnenblumenöl)*

Unsere Weinempfehlung:

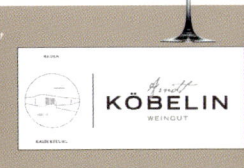

Spätburgunder Rotwein trocken, im Holzfass ausgebaut. Mit dezenter Röstaromatik, leichter Vanillenote und dunkler Beerenfrucht.

Steak vom Metzger ca. 5 cm dick schneiden lassen und ca. 1 Std. vor dem Grillen auf Raumtemperatur kommen lassen. Einen Grill mit Deckel mind. 20 Min. gut vorheizen. Fleisch ca. 15 Min. vor dem Braten salzen (noch nicht pfeffern!). Kurz vor dem Grillen leicht mit Öl bepinseln. Fleisch 1 Min. grillen, dann um 90° drehen, nach einer weiteren Minute das Fleisch wenden. Nun wieder 1 Min. grillen sowie um 90° drehen und nochmals 1 Min. grillen. Jetzt bilden sich die Röstaromen im Fleisch und es zeichnet sich ein schönes Grillmuster ab.

Mit indirekter Hitze von max. 110° auf 54° Kerntemperatur ziehen lassen und dazu das Fleischthermometer verwenden (alternativ kann man das Fleisch im Backofen garen). Fleisch nach dem Herausnehmen in Alufolie 3 Min. ruhen lassen und vor dem Anschneiden leicht pfeffern.

Tipp: *Zu diesem herzhaften Genuss schmecken Rohkostsalate und selbstzubereitete Dips, die dem Fleisch nicht die Show stehlen.*

Unsere Weinempfehlung:

Weißer Burgunder Kabinett trocken. Mit ausgewogener Burgunderaromatik, herrlicher Dichte und rassiger Säure.

KÖBELIN
WEINGUT

Keniginpaschdedli

[Königinpastetchen – Ragout fin]

für 4 Personen

· 750-900 g Kalbstafelspitz
· $1/2$ Zwiebel
· 1 Nelke
· 1-2 Lorbeerblätter
· 4-8 Königinpastetchen

Für die Sauce:
· 400-500 ml Kalbsfond
  (entsteht beim Kochen des Kalbfleisches)
· 200 ml Sahne
· 125 g Butter
· 75 g Mehl
· 100 ml lieblicher Weißwein
· Salz, Pfeffer, Zucker
· Zitronensaft
· Worcestersauce

Für den Kalbsfond ca. 1 $1/2$ Liter Wasser aufsetzen. Zwiebel mit der Nelke spicken und mit Lorbeer zum Wasser geben. (So viel Wasser nehmen, dass das Fleisch beim Kochen bedeckt ist!). Fleisch in das kochende, gesalzene Wasser geben und bei mittlerer Temperatur ca. 1 Std. ziehen lassen. Fleisch herausnehmen, in eine Schüssel mit kaltem Wasser geben und abkühlen lassen. So bleibt das Fleisch gleichmäßig hell.
Für die Sauce Butter in einem großen Topf erhitzen, Mehl unterrühren. Kalbsfond zugeben und aufkochen. Pfeffer, Zucker, etwas Zitronensaft und Weißwein zugeben. Alles durchkochen lassen, bis die Sauce eingedickt ist. Sahne zugeben und evtl. mit Salz und Zitrone nachwürzen. Fleisch in 1 cm dicke Scheiben schneiden, würfeln, in die Sauce geben und erhitzen. Königinpastetchen im Ofen erwärmen und mit dem Ragout fin befüllen. Zum Schluss noch einen Spritzer Worcestersauce auf das Pastetchen geben. Mit Reis servieren.

Kalbsg'schnetzeld's mid Steichampignons

[Kalbsgeschnetzeltes mit Steinchampignons]

für 4 Personen

· 600 g Kalbfleisch, geschnetzelt
  (am besten aus der Kalbshüfte)
· 300 g Steinchampignons
· 100 g rote Zwiebeln
· 3 EL Butterschmalz
· 500 ml Fleischbrühe oder Kalbsfond
· 100 ml Sahne
· 100 ml Weißwein
· 50 g Tomatenmark
· Salz, Pfeffer
· etwas Cognac
· 50 g weiche Butter
· 50 g Mehl

Mehl und Butter verrühren und kalt stellen. Steinchampignons putzen, vierteln und in Butterschmalz gut anbraten. Ausgetretenen Saft weggießen und Pilze zur Seite stellen.

Unsere Weinempfehlung:

Grauer Burgunder Lösswand ***
Selektion trocken, im Holzfass ausgebaut. Ein Wein mit einem edlen Duft nach Röstaromen und feiner Traubenfrucht.

Fleisch je nach Größe der Pfanne in 2 Portionen scharf anbraten. (Wichtig beim Anbraten ist, dass genug Hitze da ist, damit as Fleisch kein Wasser zieht). Gewürfelte Zwiebeln mitbraten. Champignons wieder zum Fleisch geben und das mit 2 EL Brühe angerührte Tomatenmark über das Fleisch geben. Alles zusammen unter Rühren weiter rösten, damit die Sauce eine schöne Farbe bekommt. Mit Brühe, Wein und Cognac ablöschen und ca. 5 Min. ziehen lassen. Salzen und pfeffern nach Geschmack. Mehlbutter unter das Geschnetzelte rühren und die Sauce damit abbinden. Sahne zugeben und eventuell nachwürzen.

Tipp: *Das Anrühren mit Brühe verhindert, dass das Tomatenmark verbrennt und dann bitter wird.*

Ein Eldorado auch für Vegetarier

Rolf Groß *Metzgerei Groß, Reute*

Nicht wie in der gleichnamigen Fernsehserie „Ein Trio mit vier Fäusten", sondern ein Trio mit sechs Händen, die zupacken können, trifft man in der Metzgerei Groß in Reute an. Tag für Tag wird Metzgermeister Rolf Groß nicht nur von seinem treuen Gesellen Artur, sondern auch von seinem rüstigen 83-jährigen Vater Günther unterstützt, der immer noch leidenschaftlich gern am Kutter steht und „vielen noch was vor macht", wie sein Sohn schmunzelnd bestätigt.

Viele Kunden kommen bereits eine gefühlte Ewigkeit. Sie schätzen des Seniors rustikale Spezialitäten wie den Blutschwartenmagen oder nehmen gleich einen halben Schweinskopf mit, um zu Hause selbst Tellergallert daraus zu machen. Die Metzgerei Groß ist eine klassische Metzgerei, die sich ganz bewusst für die Beibehaltung der Schlachtung entschieden hat. Man möchte hier alles aus einer Hand anbieten, mit absoluter Qualität und Frische punkten und dem Fleischkonsumenten beweisen, dass eine Metzgerei mehr zu bieten hat als der Discounter.

Ideenreichtum und Servicebereitschaft genießt der Kunde mit dem Angebot der Familie Groß: Renner in der Ladentheke sind die küchenfertigen Spezialitäten wie Eingemachtes Kalbfleisch, Wildgulasch, Rindergeschnetzeltes in Rahmsauce oder Hühnchenbrust in Currysauce. Und – man sollte es nicht für möglich halten – auch viele Vegetarier, sogar aus Freiburg, machen sich auf den Weg zur Landmetzgerei Groß. Sie kommen eigens wegen des feinen Kartoffelsalats, der täglich mit großem Aufwand frisch zubereitet wird. Das ist zumindest schon mal ein guter Anfang...

Mediterran g' filldi Hähnlibruschd

[Mediterran gefüllte Hähnchenbrust]

für 4 Personen

· *4 Hähnchenbrüste à 200 g*
· *100 g Schafskäse*
· *100 g Paprini (eingelegt)*
· *6 getrocknete Tomaten*
· *frischer Basilikum*
· *8 Blätter Salbei*
· *12 Scheiben Kochspeck*
· *Pfeffer, Salz*
· *Butter*

In jede Hähnchenbrust seitlich vorsichtig eine Tasche schneiden. Schafskäse, Paprini, getrocknete Tomaten und Basilikum pürieren und die Hähnchenbrüste damit füllen. Die Brüstchen salzen und pfeffern, mit je zwei Blättern Salbei belegen und mit dem Kochspeck umwickeln. Vorsichtig von jeder Seite in Butter knusprig anbraten und 15-20 Min. im Ofen bei 150° fertiggaren.

Unsere Weinempfehlung:

Vielleicht bereits zum Aperitif gereicht, erweist sich ein Pinot Rosé Sekt mit jugendlichem Charme als frische, spritzige Begleitung.

G' schmordi Spanferkelhaxe

[Geschmorte Spanferkelhaxen]

für 4 Personen

· 4 Spanferkelhaxen
· Öl
· 1 Zwiebel
· 1 Knoblauchzehe
· 3 Tomaten
· 2 Karotten
· 1 Zweig Rosmarin
· Salz, Pfeffer
· 200 ml Rotwein
· 200 ml Fleischbrühe
· Mehl
· 200 ml Sahne

Spanferkelhaxen von allen Seiten in Öl anbraten und mit Salz und Pfeffer würzen. Klein geschnittenes Gemüse mit Rosmarinzweig dazugeben und nochmals anbraten. Mit Wein und Brühe ablöschen. In einem Topf mit Deckel 1 Std. im Ofen bei 160° schmoren. Anschließend Deckel abnehmen und nochmals 1 Std. bei 180° garen.
Für die Sauce kann man das Gemüse pürieren oder auch in Stücken lassen, Sahne und gegebenenfalls noch etwas Wasser dazugeben. Mit Mehl binden und abschmecken.

Unsere Weinempfehlung:

Ein Spätburgunder Rotwein trocken mit runden Tanninen, gehaltvoll und würzig, gesellt sich gern zur Spanferkelhaxe.

Omas Gmeässubbe mid Rindfleisch

[Omas Gemüsesuppe mit Rindfleisch]

für 4 Personen

· 500 g Rindfleisch (von der Schulter)
· Wasser
· Salz
· 3 Karotten
· $^1/4$ Sellerieknolle
· 3 Kartoffeln
· 1 Stange Lauch

Unsere Weinempfehlung:

Zu diesem bodenständigen Gericht mundet ein Müller-Thurgau trocken, mit zartem Muskatton und einem Duft, der an Großmutters Äpfel erinnert.

Rindfleisch 1$^1/2$ Std. in Wasser mit ein wenig Salz köcheln lassen und anschließend in kleine Würfel schneiden. Gemüse waschen, schälen, klein schneiden und mit dem Rindfleisch in die Brühe geben. Nochmals 30 Min. köcheln lassen und abschmecken.

Ein Stück Freiburg

Bernd Hügle *Metzgerei Hügle, Freiburg*

Stühlinger wieder bei Null anfangen und neu Fuß fassen. Sohn Willi baute den Betrieb zu einer angesehenen Metzgerei aus und war später der Erste in der Straße, der ein Auto fuhr. Und bei der Fronleichnamsprozession durften er und seine Metzgerkollegen sogar gleich hinter dem Pfarrer und dem Bürgermeister laufen. Willi Hügles Sohn Hans steht heute im Alter von 80 Jahren mit seiner Frau immer noch täglich im Laden, in dem sich natürlich vieles verändert hat. So haben sich die Nachfolger Bernd und Simone Hügle konsequent dafür entschieden, Bioland-Vertragspartner zu sein, da ihnen eine artgerechte Tierhaltung und der nachhaltige Umgang mit der Natur große Anliegen sind. Mehrere Freiburger Schulen und ein Bio-Caterer lassen sich heute von ihnen beliefern.

Das komplette Fleisch vom Rind und Kalb sowie ein Teil des Schweinefleischs, Geflügels und der Wurstwaren gibt es bei den Hügles in Bioland-Qualität. Neben der Bio-Wurst, die frei von Nitritpökelsalz und allergenen Zusatzstoffen ist, schätzen die vielen Stammkunden die persönliche Bedienung im Laden durch die langjährigen, vertrauten Mitarbeiterinnen, die man ohne Scheu alles fragen kann, was man wissen möchte – von der Garzeit für den Schweinebraten bis zum einen oder anderen Erziehungstipp für die Kinder.

Ihren Ursprung hat die Freiburger Traditionsmetzgerei Hügle im elsässischen Neuf-Brisach. Damals, in der Kaiserzeit, belieferte Bernd Hügles Urgroßvater dort die deutsche Kaserne. Als tüchtiger Geschäftsmann ermöglichte er seiner Familie ein mondänes Leben, wozu sogar ein Privatlehrer für die Kinder gehörte. Nach dem Ersten Weltkrieg nach Deutschland ausgewiesen, mussten die Hügles zunächst am Kaiserstuhl und dann am jetzigen Standort im Freiburger Stadtteil

Rinderkraftbreähje

[Rinderkraftbrühe]

für 4 Personen

· *500 g Suppenfleisch (Leiter, durchwachsen)*
· *Suppenknochen (Krausknochen und Markknochen)*
· *1 Stange Lauch*
· *1 Sellerieknolle*
· *2 Karotten*
· *1 Zwiebel (mit Schale)*
· *Petersilie*
· *Salz, Pfeffer*

Zerkleinertes Suppengrün mit den Knochen und 2-3 l Wasser kalt aufsetzen.
Sobald das Wasser heiß ist, Hitze reduzieren und die Brühe ziehen lassen. Fleisch zugeben und mindestens 2 Std. ziehen lassen, bis es vollständig weich ist.

Brühe durch ein Sieb abgießen und mit Salz und Pfeffer abschmecken.

Die Brühe kann als Grundlage für Suppen oder Saucen verwendet werden.
Klassisch ist eine Nudelsuppe mit Rindfleischeinlage oder hausgemachten Markklößchen.

Unsere Weinempfehlung:

Johanniter Sekt brut, Flaschengärung, mit feiner Perlage. Cremigkeit und fruchtige Frische halten eine herrliche Balance.

Andreas Dilger

Entrecôte mid Ziewelesoß'

[Entrecôte mit Zwiebelsauce]

für 4 Personen

· *1 kg Entrecôte oder Hochrippe*
· *400 g Zwiebeln, in Scheiben*
· *30 g Tomatenmark*
· *1/2 l Fleischbrühe*
· *1/8 l Rotwein*
· *Salz, Pfeffer*
· *1 EL Senf*
· *Fett zum Anbraten*

Unsere Weinempfehlung:

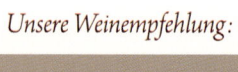

Cabernet Cortis trocken.
Ein tiefdunkler, kräftiger
Rotwein mit Cassisbukett und
würzigen Aromen von Nelke,
Paprika und Leder.

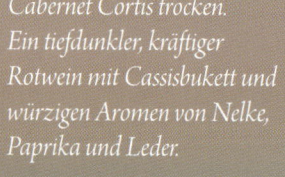

Fleisch mit Senf, Salz und Pfeffer würzen und in der Pfanne kurz von allen Seiten scharf anbraten. Im Ofen (Umluft) bei 120° ca. 80 Min garen (empfohlene Kerntemperatur: 64°).

In der Zwischenzeit die Zwiebelringe in der Pfanne scharf anbraten, auf kleiner Flamme Tomatenmark zugeben und mit Rotwein ablöschen, Sauce einreduzieren und zum Schluss mit der Fleischbrühe aufgießen, mit Salz und Pfeffer abschmecken.

Die fertige Sauce zum Fleisch servieren. Dazu passen Butterspätzle und grüne Bohnen.

Unsere Weinempfehlung:

Solaris trocken mit leichtem exotischem Bukett und komplexem Körper. Zu Pfirsicharomen kommen Noten von Granatapfel.

Andreas Dilger

Zidronehähnli

[Zitronenhähnchen]

für 4 Personen

· *1 Bioland-Hähnchen, ausgenommen*
· *1 Zitrone, in Scheiben*
· *frischer Thymian*
· *Olivenöl*
· *Salz, Pfeffer*

Das Hähnchen mit Olivenöl einreiben und mit Salz und Pfeffer würzen.
In eine Auflaufform setzen und mit den

Zitronenscheiben und dem frischen Thymian belegen.
Im Ofen bei 150° (Umluft) ca. 1 Std. 15 Min. so lange braten, bis es auch innen gar ist.

Als Beilage empfehlen sich kleine Kartoffelwürfel, die man einfach im Backofen mitbraten kann. Dazu die Kartoffeln würfeln, mit Olivenöl vermengen und mit frischen Kräutern und Meersalz würzen.

Von A bis Zimtschinken

Gerhard Kaiser *Metzgerei Kaiser, Rheinhausen*

Metzgerskunst seiner Vorfahren zu begeistern, sondern seinem Handwerk auch immer wieder neue Impulse zu verleihen.

Mit seinem sicheren Gespür für Marketing und sich wandelnde Kundenbedürfnisse hat der „Kaiser-Metzger" seinen ehemals kleinen Familienbetrieb zu einem Unternehmen mit rund 50 Voll- und Teilzeitkräften ausgebaut. Seine Schlachttiere bezieht der Metzgermeister quasi aus der Nachbarschaft, von einem Bauern in nur wenigen hundert Metern Entfernung, mit dem er sein Konzept der Regionalität umsetzt. Frische wird so tagtäglich gelebt – und wird sicht- und schmeckbar in zahlreichen Spezialitäten wie dem luftgetrockneten Taubergießenschinken, den „Rheinbeißern" oder der luftgetrockneten Krakauer, für die die Kunden auch weite Anfahrtswege in Kauf nehmen.

Zum Full-Service-Unternehmen wird die Metzgerei Kaiser mit ihrer zum Partyhaus umgestalteten, ehemaligen Gastwirtschaft, die sich für festliche Anlässe jeder Art eignet. Bis zu 90 Personen können hier rundum verwöhnt werden – einmal im

Schinkenspezialitäten, Brüh- und Kochwurst ausschließlich aus eigener Produktion, feine Ideen für die schnelle Küche und immer ein nettes Wort für den Kunden an der Theke – im Stammhaus und in den Filialen der Metzgerei Kaiser kommt zusammen, was man sich unter einer zeitgemäßen Metzgerei mit traditionsreichen Wurzeln vorstellt. Als Obermeister der Metzgerinnung Emmendingen ist Gerhard Kaiser nicht nur bestrebt, seine Kunden für die hohe

Jahr auch witzig und delikat mit der beliebten Travestie-Show, die regelmäßig ganz schnell ausgebucht ist.

Adventssäckli

[Adventssäckchen]

für 6 Stück

· *3 Blätterteigplatten*
· *1 Ei zum Bepinseln*

Für die Füllung:
· *500 g Hackfleisch*
· *1 altbackenes Brötchen*
· *2 Eier*
· *50 ml Sahne*
· *50 g Zwiebeln, gehackt und gedünstet*
· *20 g Röstzwiebeln*
· *20 g Petersilie, gehackt*
· *Pfeffer, Salz*

Brötchen in Wasser einweichen, ausdrücken und zerkleinern. Mit den restlichen Zutaten zu einer homogenen Masse verarbeiten, mit Pfeffer und Salz abschmecken. Vom Blätterteig 6 Kreise zuschneiden (Ø ca. 19-20 cm). Dies geht am besten mit einem Teller von entsprechendem Durchmesser. Hackfleischmasse in 6 gleichen Teilen zu Kugeln formen und auf die vorbereiteten Blätterteigkreise legen. Ei trennen. Die Ränder der Teigkreise mit Eiweiß bestreichen und fächerförmig über den Hackfleischkugeln zusammenführen. Mit Küchengarn locker zu Säckchen zusammenbinden.
Blätterteig mit Eigelb bepinseln und die Säckchen auf Backpapier bei ca. 190° im vorgeheizten Ofen (Umluft) 25-30 Min. goldgelb backen. Als Beilage empfiehlt sich Feldsalat.

Unsere Weinempfehlung:

Kräftiger, würziger Merlot, der die Gewürznoten des Advents im Geschmack abrundet.

WEINGUT
JÄGLE

Tipp: Als Variante können Sie der Füllmasse 100 g Apfelstückchen hinzufügen.

Knuschbrigi Wildkejle

[Knusprige Wildkeule]

· 1 kg küchenfertige Wildkeule vom Reh oder Hirsch
· 4 EL Öl
· 100 g durchwachsener Speck, in Scheiben
· Wacholderbeeren
· Pfeffer, Salz
· 1 Zwiebel, gehackt
· 250 g Steinpilze oder Pfifferlinge
· 1/4 l Schmand
· 1/8 l Rotwein
· Mehl

Für die Öl-Wein-Beize:
· 1/4 l Sonnenblumenöl
· 1/4 l Rot- oder Weißwein
· 2 cl Cognac oder Saft 1/2 Zitrone
· 1 TL Salz
· 1/2 TL grob gemahlener Pfeffer
· 1/2 TL Thymian
· 1 TL Paprika
· 2 EL Gartenkräuter, gehackt
· 1 Zwiebel, gewürfelt

Wildkeule 2 Tage im Kühlschrank in der Beize marinieren. Öl in einen Bräter geben, mit der Hälfte des Specks belegen, Wildkeule darauf legen, mit dem restlichen Speck bedecken.
Bräter in den auf 210-220° vorgeheizten Backofen (Umluft) schieben und ca. 1/2 Stunde von allen Seiten knusprig braun braten. Etwas Wasser und 4 Wacholderbeeren, Salz und Pfeffer zufügen, Deckel auflegen. Danach Hitze auf 150° reduzieren und das Fleisch 60 -70 Min. schmoren lassen. Zwischendurch wenden.
Während der letzten 10 Min. Zwiebel, Pilze und Schmand mitschmoren lassen. Für die Sauce den Bratensud mit Rotwein aufkochen, durch ein Sieb passieren, mit Mehl binden und abschmecken. Wildkeule damit servieren. Dazu werden hausgemachte Semmelknödel und Rotkraut empfohlen.

Unsere Weinempfehlung:

Cabernet Sauvignon. Die Röstaromen des „Badischen Cabernet Sauvignon" ergänzen die Brataromen der knusprigen Keule.

WEINGUT JÄGLE

Tipp: Statt der Öl-Wein-Beize kann die Wildkeule auch mit Buttermilch bedeckt gebeizt werden

Schwiensfilet im Edelpilzmandl

[Schweinefilet im Edelpilzmantel]

für 4 Personen

· *1 ganzes Schweinefilet (ca. 500-600 g)*
· *400 g grobes Bratwurstbrät*
  (vom Metzger gekuttert)
· *1 Schweinenetz (beim Metzger vorbestellen)*
· *50 g Steinpilze und 50 g Pfifferlinge, getrocknet*
  (alternativ 250 g frische Pilze, gedünstet)
· *10 g Petersilie, gehackt*
· *50 g Röstzwiebeln*
· *Pfeffer, Salz, Paprika*

Pilze in Wasser einweichen. Schweinefilet würzen, rundherum bei kräftiger Hitze ca. 1-2 Min. anbraten und abkühlen lassen. Pilze ausdrücken und mit Brät, Petersilie und Röstzwiebeln zu einer homogenen Masse verarbeiten.

Schweinenetz auf der Arbeitsplatte auslegen. Ca. $^1/_3$ der Brätmasse 1 cm stark in etwa der Länge des Filets auf das Netz streichen. Filet auf das Brät legen, mit dem restlichen Brät umhüllen und das Ganze in das Schweinenetz einschlagen. Überschüssiges Netz wegschneiden. Filet auf einem Backblech ca. 50-60 Min. bei 150-160° im Ofen (Umluft) goldbraun backen.

Dazu hausgemachte Spätzle, Brokkoli und eine Rahmsauce servieren.

Unsere Weinempfehlung:

Weißer Burgunder MJ, ein gehaltvoller „Weißer Burgunder Methode Jägle", der mit seiner Finesse den Edelpilzmantel harmonisch ergänzt.

Schinkenalarm in Wuppertal

Wolfgang Kanzinger *Metzgerei Kanzinger, Bötzingen*

Der 54-jährige Metzgermeister, der in seiner raren Freizeit leidenschaftlich gern Trompete in der Bötzinger Brass Band spielt, bezeichnet sich scherzhaft als „Alleinunterhalter in der Wurstküche". Dort geben die drei K – Knoblauch, Kümmel und Koriander – und auch der Pfeffer den Ton an. Zum Spezialisten ist Kanzinger in Sachen Hausmacher Schwarz- und Leberwurst geworden, die er nach 100-jährigen Traditionsrezepten herstellt. Seit einiger Zeit gibt es bei ihm auch wieder die „Zungenwurst im Säckli", eine aufwändig in den Blinddarm gefüllte, geräucherte Schwarzwurst mit ganzen Schweinezungen, die bei Wurstliebhabern sehr begehrt ist. Kunden, die auf der Suche nach Bio-Fleisch vom Rind und Schwein sind, werden bei den Kanzingers ebenso fündig. Besonders Mütter schätzen das Rinderhack für die Zubereiung von Babynahrung.

Wie es manchmal so ist: Als ihm sein Großvater während der Lehre im elterlichen Betrieb die alten Metzgertechniken von anno dazumal vermitteln wollte, hatte Wolfgang Kanzinger als Jugendlicher noch kein so offenes Ohr. Damals, in den 1970er Jahren, waren moderne, rationelle Methoden wie Reifemittel und Fertiggewürze auf dem Vormarsch. Heute ist Kanzinger jedoch froh, das wertvolle Wissen mit auf den Weg bekommen zu haben, das er in die Herstellung seiner feinen Wurstwaren einfließen lassen kann.

Dass die Erzeugnisse aus dieser Bötzinger Metzgerei über die Grenzen von Baden-Württemberg hinaus beliebt sind, macht sich an einem jährlichen Telefonanruf bemerkbar: „Schinkenalarm in Wuppertal!" tönt es dann durch den Hörer – ein klares Zeichen für Wolfgang Kanzinger und seine Tochter Bianca, dass wieder ein Päckchen Kaiserstühler Schinkenspeck geschnürt und ins Bergische Land verschickt werden muss, wo es bereits sehnsüchtig erwartet wird.

Vitello tonnato

[Kalbfleisch mit Thunfischsauce]

für 6 Personen

· 1 kg Kalbfleisch (vorzugsweise Semmerrolle)
· 1 Msp. getrockneter Rosmarin, 1 Lorbeerblatt,
  4 Wacholderbeeren

Für die Thunfischsauce:
· 200 g Thunfisch (im eigenen Saft)
· 5 Anchovisfilets
· 1/4 l Olivenöl extra vergine
· 3 EL frisch gepresster Zitronensaft
· 3 EL Kapern
· 300 g Mayonnaise

Kalbfleisch mit Rosmarin, Lorbeer und
Wacholder vom Metzger vakuumieren
lassen. Vakuumiertes Fleisch im Beutel
50 Min. bei 80° ziehen lassen.

Anschließend Fleisch aus dem Topf
nehmen und im Beutel abkühlen lassen.
Für die Thunfischsauce alle Zutaten bis auf
die Mayonnaise in eine Schüssel geben und
pürieren, so dass eine cremige Sauce entsteht. Mayonnaise unterheben. Abgekühltes
Fleisch aus dem Beutel nehmen und in
dünne Scheiben schneiden. Kalbfleisch-
scheiben auf eine Platte oder Teller legen
und die Thunfischsauce darauf verteilen.
Das Ganze mit Klarsichtfolie abdecken
und mind. 24 Stunden im Kühlschrank
durchziehen lassen. Vor dem Servieren die
Vorspeise auf Zimmertemperatur kommen
lassen. Folie abnehmen und nach Belieben
mit Kapern oder Anchovisfilets garnieren.

Unsere Weinempfehlung:

*Bötzinger Weißer Burgunder
Kabinett trocken mit eleganter
Säure und zartem Schmelz.
Ein pikantes Genuss-Duo.*

WINZERGENOSSENSCHAFT
BÖTZINGEN

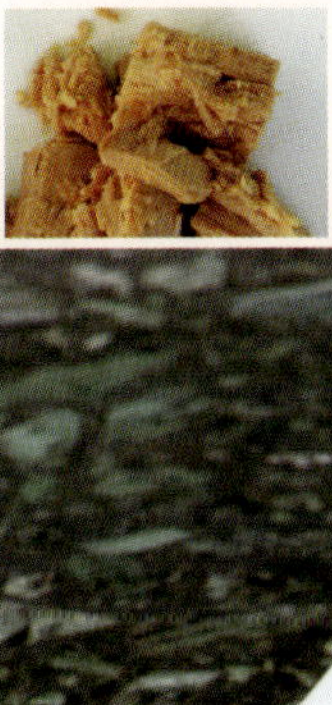

Rindermedaillons im Bledderdeig

[Rindermedaillons im Blätterteig]

für 5 Personen

· 600 g Rinderhüfte
· Salz, Pfeffer

Für die Füllung:
· 50 g roher Schinken
· 200 g Pfifferlinge
· 50 g Zwiebeln, gehackt
· Butter
· 1 Ei
· 3 EL Sahne
· 3 Scheiben Toast
· 2 EL Portwein
· 2 EL Petersilie, gehackt
· 1 TL Salz
· $1/2$ TL Basilikum
· 1 Msp. Pfeffer
· 3 Platten Blätterteig
· 2 Eiweiß zum Bestreichen
· 2 Eigelb zum Bestreichen

Und so geht's:

Unsere Weinempfehlung:

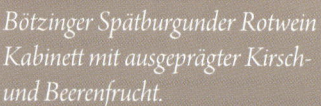

Bötzinger Spätburgunder Rotwein Kabinett mit ausgeprägter Kirsch- und Beerenfrucht.

WINZERGENOSSENSCHAFT BÖTZINGEN

Für die Füllung die Zwiebeln, die geputzten, gewaschenen und halbierten Pfifferlinge sowie den in feine Streifen geschnittenen Schinken in Butter dünsten. Toastscheiben zerschneiden, in Ei und Sahne einweichen und zerdrücken. Nach dem Abkühlen alle weiteren Zutaten für die Füllung dazugeben und vermengen. Rinderhüfte würzen und im vorgeheizten Ofen bei 180° ca. 25 Min. backen. Nach dem Erkalten das Fleisch in 5 Medaillons schneiden.

Blätterteig ausrollen und 10 runde Scheiben ausstechen (Ø 13 cm). Etwas Füllung auf eine Teigscheibe geben, ein Medaillon da- rauf legen und ganz mit Füllung bedecken. Blätterteigrand mit Eiweiß bestreichen, eine zweite Blätterteigscheibe darauf legen. Den unteren Rand hochklappen und ring- sum leicht andrücken. Abschließend mit Daumen und Zeigefinger einen Wellenrand formen. Mit den restlichen Medaillons weiter so verfahren. Nach Belieben die Taschen mit einem ausgestochenen Ornament verzieren und mit Eigelb bepinseln. Bei 160° (Heiß- luft) 40 Min. im Ofen backen, bis der Blät- terteig goldbraun ist.

Lammkejle im Brodschlüüch

[Lammkeule im Bratschlauch]

· 1 kg Lammkeule
· 400 g Spinat
· 200 g Feta
· Salz, Pfeffer
· nach Belieben frische Kräuter
  (Rosmarin, Thymian, Oregano)
· 1 Bratschlauch

Spinat waschen und in Salzwasser 4 Min. vorblanchieren. Feta in Würfel schneiden oder brechen. Alles in eine Schüssel geben und vermengen. Vom Bratschlauch ca. 50 cm abschneiden und an einer Seite fest zubinden. Spinat-Feta-Gemisch in den Bratschlauch geben.

Lammkeule mit Salz und Pfeffer würzen und auf den Spinat im Bratschlauch legen. Nach Belieben frischen Rosmarin, Thymi- an oder Oregano auf die Lammkeule legen. Bratschlauch gut zubinden. Backofen auf 160° vorheizen und die Lammkeule 1 Std. 15 Min. auf dem mittleren Rost schmoren lassen. Mit Bandnudeln servieren.

Unsere Weinempfehlung:

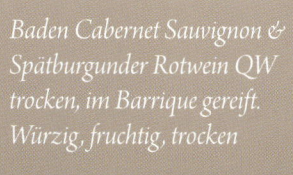

Baden Cabernet Sauvignon & Spätburgunder Rotwein QW trocken, im Barrique gereift. Würzig, fruchtig, trocken

WINZERGENOSSENSCHAFT BÖTZINGEN

Tipp: Wer es knusprig mag: Den Bratschlauch nach 1 Std. aufschneiden und die letzten 10 Min. bei 180° backen.

Wurst mit Herzblut

Rolf Kastner *Metzgerei Kindle, Freiburg*

sche Metzgerei einheiratet? Als Erstes hat Rolf Kastner natürlich die hausgemachten Maultaschen eingeführt, die seither zu den Bestsellern im Sortiment gehören.

Gegründet wurde der Betrieb Ende der 1950er Jahre von Kastners Schwiegervater. Ist die Nachbarschaft der Metzgerei seit einigen Jahren dank einer Bäckereifiliale eher „süß", war sie lange Zeit davor „pikant": Eine bekannte Freiburger Nachtbar hatte hier ihr Domizil, deren Damen sich nach Feierabend am frühen Morgen gerne mit brühfrischen Wurstwaren aus Kindles Laden eindeckten.

Ein Tag ohne Wurst auf dem Teller? Für Rolf Kastner undenkbar. Und genau dieses Herzblut lässt der Metzgermeister in seine beliebten Erzeugnisse wie Wienerle, Weißwürste oder seine Fleischwurst einfließen, die die Kunden kesselfrisch am meisten lieben. Die Schlachttiere der Metzgerei Kindle stammen fast ausschließlich aus dem Schwarzwald. Sie liefern die Grundlage für Fleisch- und Wurstwaren von höchster Frische und Qualität, die Kraft für den Tag geben. Oder für den Besuch eines Spiels des SC Freiburg, dem Rolf Kastner als begeisterter Fußballfan stets die Treue hält.

Eine wunderschöne Gründerzeitvilla im Stadtteil Wiehre beherbergt die Freiburger Traditionsmetzgerei Kindle. Aus dieser Metzgerfamilie stammt Anita Kindle-Kastner, die den Betrieb 1998 mit Ehemann Rolf von ihren Eltern übernahm. Was ein gebürtiger Schwabe macht, der in eine badi-

Badisch's Rehgülasch

[Badisches Rehgulasch]

für 4 Personen

· 750 g Rehgulasch
· 100 g geräucherter, durchwachsener Speck
· 2 Zwiebeln
· 5 EL Öl
· Salz, Pfeffer
· 1 EL Tomatenmark
· 4 kleine Lorbeerblätter
· 5 zerstoßene Wacholderbeeren
· 3/8 l klare Brühe
· 1/4 l Rotwein
· je 150 g kleine Champignons und Pfifferlinge
· 2 EL Butter oder Margarine
· 2 EL Speisestärke
· 2 EL Johannisbeergelee
· grober Pfeffer zum Bestreuen

Fleisch waschen und trocken tupfen. Zwiebeln schälen und fein würfeln. Speck in 1 cm breite Streifen schneiden und in 3 EL Öl kross anbraten, Zwiebeln kurz mitbraten, beides aus der Pfanne nehmen. Fleisch portionsweise im Speckfett braun anbraten, salzen und pfeffern. Gesamtes Fleisch in einen Topf geben, Tomatenmark, Lorbeer und Wacholder zugeben und kurz anrösten. Speck und Zwiebeln zufügen. Mit 1/4 l Brühe und 1/8 l Rotwein ablöschen, aufkochen und Gulasch zugedeckt bei mittlerer Hitze ca. 1 1/2 Std. garen, ab und zu umrühren und übrige Flüssigkeit angießen. Pilze putzen, Größere halbieren. Übriges Öl und Fett in einer Pfanne erhitzen, Pilze darin anbraten und 5 Min. vor Ende der Garzeit zum Gulasch geben. Stärke und etwas Wasser glatt rühren, in das Gulasch rühren und nochmals kurz aufkochen lassen. Gulasch mit dem Johannisbeergelee, Salz und Pfeffer abschmecken und anrichten. Mit grobem Pfeffer bestreut servieren. Dazu schmecken Spätzle mit gerösteten Semmelbröseln.

Unsere Weinempfehlung:

Eichstetter Spätburgunder Spätlese trocken Tradition, im großen Holzfass gelagert. In der Nase betörend mit dem Aroma reifer Wildkirschen.

KIEFER 1851
by m & h schmidt

Unsere Weinempfehlung:

*Eichstetter Weißburgunder fein-
herb. Dieser „freche Kaiserstühler"
passt perfekt zum süßen Senf in
diesem außergewöhnlichen
Dressing.*

KIEFER¹⁸⁵¹
by m & h schmidt

Endebruschd in Balsamico-Orangesoß'

[Entenbrust in Balsamico-Orangendressing]

für 4 Personen

· 2 männliche Entenbrüste
· Salz, Pfeffer

Für das Dressing:
· 2 EL Balsamico-Essig
· 3 EL Öl (z.B. Sonnenblumenöl)
· 1 Orange, ausgepresst
· 1 TL Zucker
· 1 TL süßer Senf
· 1 TL Kräuter, getrocknet

Zur Garnitur:
· je nach Jahreszeit frische Erdbeeren,
  Feigen oder Orangenspalten
· Pistazien, gehackt

Entenbrüste salzen und pfeffern, mit der
Haut nach oben auf ein Backofengitter set-
zen und eine Fettwanne darunter schieben.
Bei 120° (Umluft) 30 Min. im Ofen braten.
Fleisch herausnehmen und erkalten lassen.
Zutaten für das Dressing verrühren und
über die in Scheiben geschnittenen Enten-
brüste träufeln. Mit Früchten garnieren.

Tipp: *Im Winter passen badische
„Sunnewirbili" (Feldsalat)
wunderbar dazu!*

Dreisamdäler Rindfleisch in Sauce Vinaigrette

[Dreisamtäler Rindfleisch in Sauce Vinaigrette]

für 4 Personen

· *1 kg Bugblatt*
· *1 Karotte*
· *1/4 Sellerieknolle*
· *1 Stange Lauch*
· *1 Zwiebel*
· *Petersilie*

Für die Vinaigrette:
· *4 EL Weißweinessig*
· *3 EL Öl (z.B. Sonnenblumenöl)*
· *Salz, Zucker*
· *etwas warme Fleischbrühe (vom Bugblatt)*
· *Senf*

Für die Garnitur:
· *2 Eier*
· *1 Bund Schnittlauch*
· *1 kleine Zwiebel*

Gemüse putzen und zerkleinern. Rindfleisch mit dem Gemüse in Salzwasser 2 Std. köcheln lassen und danach dünn aufschneiden. Eier kochen, pellen und wie Schnittlauch und Zwiebel sehr fein schneiden. Zutaten für die Vinaigrette verrühren, über das Rindfleisch träufeln und mit Ei, Schnittlauch und Zwiebeln anrichten. Hierzu können Brägele (Bratkartoffeln) oder Rösti serviert werden.

Unsere Weinempfehlung:

Eichstetter Rivaner feinherb mit jugendlicher Frische und angenehmer Restsüße. Sein feiner Fruchtschmelz erinnert an frischen, hellen Klarapfel.

KIEFER 1851
by m&h schmidt

Wenn's „Klack" macht...

Klaus und Stefan Pröller *Metzgerei Pröller, Jechtingen*

Reh, Gänseleber, Fasan, Hase oder Wildschwein nach französischem Vorbild haben sich zur Spezialität der Pröllers entwickelt und begeistern nicht nur Feinschmecker in Baden, sondern auch jenseits des Rheins.

Täglich unterwegs ist der Verkaufswagen der Metzgerei in einer anderen Gemeinde des Kaiserstuhls, in Breisach und im elsässischen Sélestat. Die französischen Nachbarn lieben die deutschen Hausmacher-Würste, den Speck und Schinken und die streichfähigen Köstlichkeiten aus dem Hause Pröller. Und auch in der einzigen Filiale des Betriebs, im bayerischen Mittenwald, finden die medaillengekrönten Erzeugnisse wie die Blut- und Leberwurst und der „Kaiserspeck" ihre Liebhaber.

Seniorchef Friedhelm Pröller legte 1972 den Grundstein für den Jechtinger Metzgereibetrieb und arbeitet bis heute täglich in der Disposition mit. Sohn Klaus (im Foto rechts) setzt gerne frische Impulse, indem er neue Kreationen entwickelt, technische Abläufe perfektioniert oder auf Messen und Events die Konsumenten von guten

Die Familie Pröller, eine echte Metzgerfamilie, die sich von Generation zu Generation mit Leidenschaft ihrem Handwerk widmet, liebt den besonderen Geschmack und fängt ihn gerne ein – in kleinen Dosen und Gläsern, die kulinarische Genüsse wie Paté mit Waldpilzen, Gewürztraminerbrand oder Entenmousse konservieren. Auch Terrinen mit Produkten überzeugt. Unterstützt wird er von Sohn Stefan (links), der – mit dem Gesellenbrief in der Tasche – für neue Herausforderungen bereit ist.

Winzerbroodis mid Herdepfelsalad

[Winzerbraten mit Kartoffelsalat]

für 4 Personen

· 900 g Schweinehals
· 150 g Kalbsbrät (beim Metzger vorbestellen)
· weißer Pfeffer, Salz
· frische Petersilie

Schweinehals vom Metzger aufschneiden lassen wie Rouladen. Mit Pfeffer und Salz würzen, Kalbsbrät darauf verteilen und etwas andrücken, damit das Brät gut am Fleisch haftet.
Frische gehackte Petersilie darüber streuen, das Fleisch aufrollen und mit Küchengarn gut verschnüren. Den zusammengerollten Braten nochmals außen mit Pfeffer und Salz würzen.
Bei 140° (Umluft) im Ofen ca. 2,5 Std. auf der mittleren Schiene garen.
Dazu schmecken Kartoffelsalat nach badischer Art – selbstgemacht oder vom Metzger – und frisches Baguettebrot.

Unsere Weinempfehlung:

Spätburgunder Rotwein
Jechtinger Eichert Spätlese trocken
„Emil-Gött-Selektion" mit
zartem Duft nach Brombeeren.

Und so geht's:

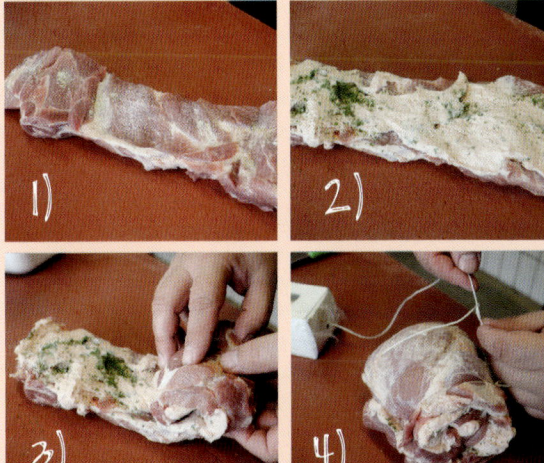

1)

2)

3)

4)

Unsere Weinempfehlung:

Cabernet Carbon trocken traditionell. Ein tiefdunkler, würziger Rotwein mit weichen Gerbstoffen und milder Säure.

HELDE

Rindsgülasch mid Semmlknedl un' Rotkrütt

[Rindergulasch mit Semmelknödeln und Rotkraut]

für 4 Personen

· 750 g Rindfleisch aus der Schulter
· 15 g Schweineschmalz
· 1-2 rote Zwiebeln
· 2 Knoblauchzehen
· Paprika edelsüß (evtl. auch scharf)
· 1 EL Tomatenmark
· 250 ml Rotwein
· Wasser
· 1 TL Kümmel
· etwas Koriander
· 1 TL Zucker
· 1 Prise Salz
· 150 g saure Sahne
· 1 EL Mehl

Fleisch in Würfel schneiden, Zwiebeln würfeln und Knoblauch fein hacken. In einem Topf Schweineschmalz erhitzen, Fleischwürfel darin gut anbraten. Zwiebeln und Knoblauch dazugeben und mitdünsten, bis sie glasig sind. Paprika über das Fleisch streuen, Tomatenmark unterrühren und gut vermischen. Mit Rotwein ablöschen und unter Rühren ca. 400 ml Wasser aufgießen, bis das Fleisch bedeckt ist. Kurz aufkochen. Kümmel, Koriander, Zucker und Salz einrühren. Mit Deckel ca. 2,5 Std. schmoren lassen (geringe Temperatur). Ab und zu Wasser aufgießen, so dass das Fleisch bedeckt ist. Gulasch nach Geschmack würzen. Sahne mit Mehl gut verrühren und das Gulasch damit binden. Mit Semmelknödeln und Rotkraut servieren.

Winzersalad

[Winzersalat]

für 4 Personen

· *12 dünne Scheiben Kaiserstühler Schinkenspeck*
· *200 g Feldsalat*
· *200 g Radicchiosalat*
· *1 Zwiebel, fein gehackt*
· *200 g Weintrauben*
· *2 Orangen*
· *300 g Schafskäse*
· *2 Tassen Kräuter, gehackt*
· *Balsamico-Essig*
· *Olivenöl*
· *Salz, Pfeffer*

Feldsalat und Radicchio waschen, in mundgerechte Stücke zupfen und in eine Schüssel geben. Weintrauben mit den Zwiebeln zum Salat geben. Orangen schälen, Filets herauslösen und mit dem gewürfelten Schafskäse unter den Salat heben. Gehackte Kräuter untermischen.

Salat dekorativ auf Tellern anrichten und mit einer Marinade aus Essig, Öl, Salz und Pfeffer beträufeln. Mit je 3 Scheiben Schinkenspeck belegen und servieren.
Dazu frisches Weißbrot reichen.

Unsere Weinempfehlung:

Grauburgunder Jechtinger Steingrube Spätlese trocken „Emil-Gött-Selektion". Säurearm und mit reifer, eleganter Birnenaromatik.

HELDE

Die siebte Generation

Hans-Peter Riegger *Metzgerei Riegger, Elzach*

Menschen in Stadt und Land mit feinen Wurstwaren und Schinken aus dem Schwarzwald versorgt. Hans-Peter Riegger, stellvertretender Obermeister der Metzgerinnung Emmendingen, ist ein Macher, der ganz und gar in seinem Handwerk aufgeht. Höchste Qualität und ehrliche Produkte stehen bei ihm ganz oben. Ein Beispiel dafür ist der Fleischsalat, der nach Rieggers „Reinheitsgebot" nur frische Fleischwurst, Gurke und Mayonnaise enthalten darf. Nichts anderes.

Viel los ist bei den Rieggers das ganze Jahr über, besonders aber vor den Weihnachtstagen, wenn die Kunden mit ihren Auflaufformen in die Metzgerei kommen, um sie mit gefülltem Braten, Rehragout oder Schweinefilet in Morchelrahmsauce bestücken zu lassen. Einem entspannten Weihnachtsfest steht dann nichts mehr im Wege. Und wie es sich für eine echte Elztäler Metzgerei gehört, zählt auch die „Fasnet" zu den höchsten Feiertagen. Dann kommen die Kinder, um sich als Utensil für das närrische Treiben eine „Saublodere" (Schweinsblase) aufblasen zu lassen. Das Team um Hans-Peter Riegger – er selbst ist als Präsident des Elzacher Latscharivereins aktiv – ist eben jederzeit für alle da – und hat immer eine Lösung.

Als Napoleon bei Waterloo seine endgültige Niederlage eingestehen musste, hätte er sich bestimmt gerne mit einem saftigen Entrecôte aus dem Elztal getröstet. Doch erst drei Jahre später, im Jahr 1818, gründete ein Vorfahr von Hans-Peter Riegger die gleichnamige Metzgerei in Elzach.

In der siebten Generation führt der Metzgermeister heute den Familienbetrieb, der mit Filialen in Waldkirch-Kollnau und Freiburg

Badischi Ochsebruschd

[Badische Ochsenbrust]

für 4 Personen

· *1,2 kg Rinderbrustkern*
· *$^1/_2$ kg Suppenknochen (Brustknorpel)*
· *2 Zwiebeln*
· *2 Karotten*
· *$^1/_2$ Stange Lauch*
· *1 Sellerieknolle*
· *Salz*

Unsere Weinempfehlung:

Bötzinger Pinot Gris QW trocken, kräftig und mit feinem Schmelz im Abgang.

Gemüse putzen, in Stücke schneiden und mit den Knochen 1/4 Std. aufkochen. Rinderbrust in das kochende Wasser geben und bei schwacher Hitze (85°) ca. 3 Std. ziehen lassen. Zwischendurch den Schaum abheben. Fleisch zum Anrichten in Scheiben schneiden.

Die klassischen Zutaten zur gekochten Ochsenbrust sind Salz- oder Brühkartoffeln, Meerrettichsauce und Rote-Bete. Gut schmeckt sie aber auch nur mit etwas Salz und frischem Bauernbrot oder in kleine Würfel geschnitten in der Nudelsuppe.

Tipp: Die Brühe sieben und nur mit Salz und Muskat abschmecken, Fadennudeln kochen, Schnittlauch oben drauf – das gibt eine Nudelsuppe wie zu Omas Zeiten!

Unsere Weinempfehlung:

Bötzinger Spätburgunder Rosé QW trocken mit erfrischend fruchtiger Beerennote.

WINZERGENOSSENSCHAFT BÖTZINGEN

Rosa Roastbeef am Schtuck

[Rosa Roastbeef am Stück]

für 4 Personen

· *1 kg top zugeschnittenes,*
  mindestens 3 Wochen gelagertes Roastbeef
· *Salz, Pfeffer*

Ofen auf 250° (Umluft) vorheizen. Roastbeef auf das heiße Backblech legen und den Ofen sofort auf 80° zurückschalten. Nun bis zu einer Kerntemperatur von 54° garen. Fleisch aus dem Ofen nehmen, mit Salz und Pfeffer bestreuen, in Alufolie wickeln und mindestens 10 Min. ruhen lassen.

Als Beilagen eignen sich gebratene Kartoffelecken oder auch nur Salat und frisches Brot.

Tipp: **Ein Fleischthermometer ist für dieses Rezept unverzichtbar!**

Süürbroodis nach Hüüsfraue-Art

[Sauerbraten nach Hausfrauen-Art]

für 4 Personen

· 1 kg Rinderbraten (Dicker Bug)
· 2 Zwiebeln
· 1 Karotte
· 5 Wacholderbeeren
· 10 Pfefferkörner
· 2 Lorbeerblätter
· 4 Gewürznelken
· 1 TL Salz
· 1 TL Zucker
· $1/4$ l Weinessig
· $1/4$ l Rotwein
· 2 EL Butterschmalz oder Pflanzenfett
· 2 EL Tomatenmark
· 3 EL Weizenmehl

Essig und Rotwein mit einem $3/4$ l Wasser in einen Topf geben. Gemüse putzen, mit Gewürzen und Zucker in die Beize geben und alles ca. 5 Min. aufkochen. Beize aus-

kühlen lassen und das Fleisch ca. 3 Tage darin einlegen (im Kühlschrank). Kasserolle mit Butterschmalz oder Pflanzenfett erhitzen, Fleisch von allen Seiten anbraten. Bei guter Bräunung Fleisch herausnehmen und das Gemüse aus der Beize mit Tomatenmark und Mehl anrösten. Komplette Beizflüssigkeit dazugeben, mit einem Pfannenwender das Verkrustete vom Boden lösen und alles aufkochen. Fleisch salzen und in den heißen Sud geben. Kasserolle in den Ofen stellen und bei 120° (Umluft) ca. 2 $1/2$ Std. schmoren. Fleisch mehrmals wenden. Fleisch aus der Sauce nehmen und diese durch ein Sieb gießen. Weichgegartes Gemüse und Gewürze durch das Sieb in die Sauce passieren. Sauce aufkochen, abschmecken, Fleisch aufschneiden und servieren.
Breite Nudeln dazu servieren.

Unsere Weinempfehlung:

Bötzinger Pinot Noir QW trocken, ein kraftvoller Spätburgunder Rotwein mit leicht würzigem Aroma.

WINZERGENOSSENSCHAFT
BÖTZINGEN

Tipp: *Fleisch 1 Tag zuvor zubereiten, in kaltem Zustand aufschneiden (ergibt schönere, dünnere Scheiben) und dann in der Sauce wärmen. So können Sie völlig stressfrei den Sauerbraten mit Ihren Gästen genießen.*

Transparenz ist die Maxime

Christian, Uwe und Michael Rückert *Metzgerei Rückert, Gundelfingen*

Bereits über 110 Jahre alt, aber alles andere als verstaubt ist die Metzgerei Rückert in Gundelfingen mit ihrer Filiale in Heitersheim. Ihre Wurzeln hat sie in der ostdeutschen Stadt Zerbst/Anhalt, wo August Rückert 1905 den Grundstein legte. Immer noch unterstützt vom heutigen Seniorchef Achim Rückert, stellen die beiden Söhne Michael und Uwe (im Bild v.r.n.l.) Fleisch- und Wurstwaren nach bewährten Familienrezepturen her. Für frischen Wind im Betrieb sorgt die mittlerweile sechste Generation: Christian Rückert (links), bester Jungmeister seines Jahrgangs, und seine Schwester Lisa, eine ausgebildete Köchin, setzen immer wieder neue Impulse.

Dry-aged Beef – trockengereiftes Rindfleisch – hat es Christian Rückert besonders angetan, was man auch am transparenten und deshalb für den Kunden einsehbaren Reifeschrank im Laden sieht. Bewusste Genießer kaufen hier ihre guten Stücke, darunter viele

Männer der Generation 50+, die von der Frau einen Schuhbeck-Kochkurs geschenkt bekommen haben oder mit ihren Freunden „Das perfekte Dinner" zelebrieren möchten. Aber auch die Hausfrau, die ihr traditionelles Suppenfleisch in der Metzgerei holt, ist bei den Rückerts gut aufgehoben, hat man doch immer Zeit für ein paar freundliche Worte.

Vielfalt und Individualität spiegeln sich in der Theke wider, wo die Kunden die Wahl zwischen mehr als 150 hausgemachten Produkten in höchster Qualität haben. Durch kleine Chargen können die Rückerts außerdem ganz flexibel auf Kundenwünsche reagieren. Eines steht fest: Viele Meister verderben hier keinesfalls den Brei. Dafür sorgt auch die Köchin, deren feiner Mittagstisch wie ein Blitz eingeschlagen hat und die Kundschaft seither jeden Tag aufs Neue begeistert.

Dry-aged Rumpsteak mid Rosmarinherdepfel

[Dry-aged Rumpsteak mit Rosmarinkartoffeln]

für 4 Personen

· 800 g Dry-aged (trockengereiftes) Rumpsteak am Stück
· Olivenöl
· grobes Meersalz, Pfeffer (aus der Mühle)
· brauner Rohrzucker

Für die Rosmarinkartoffeln:
· 800 g Kartoffeln
· 1 EL Olivenöl
· 4 Rosmarinzweige, Nadeln fein gehackt
· 1 TL Meersalz, gemahlen
· 1 Knoblauchzehe, mit Schale zerdrückt
· etwas Pfeffer

Für den Dip:
· 2 Becher Sauerrahm
· Salz, Pfeffer, Paprika
· Schnittlauch, Petersilie

Rumpsteak mit wenig Öl einreiben, mit Salz und Pfeffer würzen. Für den besonderen Kick etwas Rohrzucker darüber streuen. In der Pfanne oder auf dem Grill von jeder Seite ca. 1 Min. sehr heiß anbraten. Fleisch in Alufolie einpacken und bei 90° im Ofen bis zu einer Kerntemperatur von ca. 60° garen (Fleischthermometer verwenden!). Fleisch herausnehmen, Folie öffnen und 5 Min. ruhen lassen. Fleisch nochmals kurz in der Pfanne erwärmen und in 4 Portionen tranchieren.

Kartoffeln waschen, der Länge nach vierteln. Öl mit den restlichen Zutaten über die Kartoffeln geben und vermengen. Bei 200° (Ober-/Unterhitze) ca. 20 Min. garen. Bei Bedarf nochmals 5 Min. bei 250° (Oberhitze) bräunen. Zutaten für den Dip verrühren, mit Kräutern verfeinern.
Rumpsteak mit Kartoffeln und Dip servieren.

Unsere Weinempfehlung:

Gundelfinger Sonnenberg Spätburgunder Rotwein, Spätlese trocken, im Barrique gereift, Goldmedaille LWP, mit feiner Beerennote, vollmundig und körperreich.

WEINBAU
EUGEN ENGLER

Schlemmerfleischdasche

[Schlemmerfleischtaschen]

für 4 Personen

· 1 Rolle Nudelteig

Für die Füllung:
· 400 g Kalbsbrät
· 220 g gemischtes Hackfleisch
· Salz, Pfeffer
· mediterrane Kräuter nach Belieben
· 100 g Parmesan, gerieben
· 1 Ei
· 1/2 Bund Petersilie, gehackt
· 1 Zwiebel, fein gewürfelt

Zutaten für die Füllung vermengen. Nudel-teig quer ausbreiten. In der Mitte des un-teren Drittels längs einen Streifen Füllung (1/3 der Füllmenge) auftragen.

Die freibleibende Nudelfläche neben der Füllung mit Hilfe eines Pinsels mit Wasser benetzen. Nun den Teig von unten so weit über die Füllung klappen, dass noch zwei Drittel des Teiges übrig bleiben. Mit einem Kochlöffelstiel die gewünschte Größe der Taschen einteilen, mit einem Teigrädchen auseinander schneiden und die Ränder fest zudrücken.

Mit den zwei übrigen Dritteln des Nudel-teigs ebenso verfahren.

Schlemmertaschen in kochendes Salzwas-ser geben, einmal aufkochen lassen und Hitze reduzieren. 20 Min. sieden lassen und bei Bedarf vorsichtig umrühren, damit sie nicht festkleben.

Unsere Weinempfehlung:

Gundelfinger Sonnenberg Weißer Burgunder, Kabinett, trocken, mit frischen, fruchtigen Aromen und leichter Herbe.

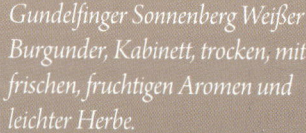

Unsere Weinempfehlung:

Gundelfinger Sonnenberg Spätburgunder Weißherbst, QbA, mit feiner Fruchtnote, ~eerig im Geschmack.

WEINBAU
EUGEN ENGLER

Schbießbroodis mid Herdepfelsalad

[Spießbraten mit Kartoffelsalat]

für 4 Personen

· *1 kg Schweinehals*
· *50 g Wurstbrät*
· *100 Kochspeck, dünn geschnitten (ohne Schwarte)*
· *1 Zwiebel, in dünnen Scheiben*
· *Salz, Pfeffer, Paprika*

Vom Metzger 2 Taschen in gegenüberliegende Seiten schneiden lassen. Jede Fleischtasche innen gut würzen und mit jeweils der Hälfte des Wurstbräts, Kochspecks und der Zwiebel füllen. Taschen zuklappen und Braten außen gut mit Gewürzen einreiben. Braten mit Küchengarn umwickeln und verknoten. Bei 140° für ca. 2,5 Std. in den Ofen schieben (Tasse mit Wasser auf den Boden stellen!). Nach Belieben zum Abschluss für eine knusprige Kruste nochmals 10 Min. bei 200° garen. Alternativ den Braten auf einem Grillspieß zubereiten. Mit Kartoffelsalat servieren.

bewusst? *Der Spießbraten zählt zu den ältesten Formen des Kochens, seit der Mensch das Feuer entdeckte.*

Nicht Wurst,
was in die Wurst kommt

Rolf Ruesch *Metzgerei Ruesch, Kiechlinsbergen*

Wenn christliche Gedanken und Impulse aus dem Lautsprecher kommen und nebenher ruhig und konzentriert Fleisch zerlegt und verwurstet wird, befindet man sich in der kleinen Dorfmetzgerei von Kiechlinsbergen. Seit dem Jahr 1800 ist laut Stammbaum der Name Ruesch in der Grienerstraße 16 durchgehend mit dem Metzgerhandwerk verbunden. Heute hält Rolf Ruesch die Tradition seiner Vorfahren hoch: ein bedächtiger, im Glauben verwurzelter Kaiserstühler, der sich oft seine Gedanken um die Wertschätzung von Lebensmitteln in der heutigen Gesellschaft macht.

Ein alter Metzger sagte einst zu ihm, dass nur das in eine Wurst kommen soll, was man selbst gern isst. Für Ruesch schon immer einer der wichtigsten Grundsätze seiner Arbeit, die ihm besonders dann Freude macht, wenn er die Wertschätzung der Produkte durch seine Kunden spürt. In Kiechlinsbergen und der Endinger Filiale genießen diese nicht nur eine große Auswahl, sondern auch erstklassige Qualität vom Fachmann. Dass er noch einen Bezug zu den Landwirten und Schlachttieren hat und an allen Produktionsschritten bis hin zum Verkauf direkt beteiligt ist, schätzt Rolf Ruesch am meisten. Ganz bewusst hat er deshalb in die Möglichkeit der eigenen Schlachtung investiert. Damit setzt die Traditionsmetzgerei ein klares Zeichen gegen die Anonymität der Fleischverarbeitung in den Großfabriken.

Die kleinen, feinen Besonderheiten der Rueschs sind die hausgemachten Salamis, das Hirschstängeli, die Mini-Chili-Beißerli oder die sehr gut ankommende Zipfelwursttüte, die von den Kunden sogar vorbestellt wird. Und dann gibt es noch einen zweiten „Beruf", in dem Rolf Ruesch aufgeht: die Arbeit als Hobbywinzer in den Reben von Kiechlinsbergen.

Läberschbätzli

[Leberspätzle]

· 250 g Leber, vom Metzger
  gemahlen oder im Mixer püriert
· 3 trockene Brötchen
· 1 Bund Petersilie
· 1 Zwiebel
· 2 Eier
· Mehl
· Salz, Pfeffer
· Öl

*Unsere
Weinempfehlung:*

*Spätburgunder Rotwein
trocken mit harmonischer
Fülle und zarten Tanninen.*

Weingut
LEOPOLD SCHÄTZLE

Zwiebel und Petersilie fein schneiden.
Zwiebel in etwas Öl glasig dünsten, Petersilie hinzugeben und kurz mitdämpfen.
Abkühlen lassen. Brötchen in Wasser einweichen und gut ausdrücken. Lebermasse
mit Eiern, Brötchen, Zwiebel und Petersilie
mischen, mit Salz, Pfeffer und Muskat
würzen und zu einer homogenen Masse
verarbeiten. Unter Rühren so viel Mehl bis
zur gewünschten Konsistenz hinzugeben.

Die Masse von einem Brett in leicht gesal-
zenes, kochendes Wasser schaben oder
durch ein Spätzlesieb bzw. eine Spätzlepresse
drücken. Sobald die Spätzle an die Ober-
fläche kommen, mit einer Schaumkelle ab-
schöpfen. In heißer Fleischbrühe servieren.

*Tipp: Leberspätzle können statt in
Brühe mit etwas Butter angeschmolzen
zu einem grünen Salat serviert werden.*

G'filldi Kalbsbruschd

[Gefüllte Kalbsbrust]

für 4 Personen

· *1 kg Kalbsbrust (vom Metzger*
  eine Tasche einschneiden lassen)

Für die Füllung:
· *4 Brötchen (à 40 g) oder Weißbrot*
  in entsprechender Menge
· *1 Zwiebel, gewürfelt*
· *Butter oder Öl*
· *Petersilie, gehackt*
· *4 Eier*
· *Salz, Pfeffer, Muskatnuss*
· *Crème fraîche oder Sahne*

Für die Sauce:
· *etwas Weißwein (Grau- oder Weißburgunder)*
· *Thymian, gemahlen*
· *etwas Sojasauce*
· *Mehl*

Für die Füllung Brötchen oder Brot klein würfeln und im Ofen bei ca. 150° hart werden lassen, jedoch nicht bräunen. Zwiebel in etwas Butter oder Öl glasig dämpfen, Petersilie kurz mitdämpfen. Brotwürfel mit den restlichen Zutaten vermengen und abschmecken. Die Kalbsbrust damit füllen und mit Küchengarn die Tasche zunähen. Fleisch von außen mit Salz und Pfeffer würzen und gut braun anbraten. Mit Weißwein ablöschen und im Ofen bei 180-200° ca. 2 Std. schmoren lassen. Den Braten von Zeit zu Zeit mit Bratensaft übergießen. Braten herausholen und bis zum Aufschneiden etwas ruhen lassen.

Für die Sauce den Bratensaft bei Bedarf noch mit etwas Wein und Wasser erhitzen. Thymian und Sojasauce dazugeben, mit Salz und Pfeffer nachwürzen. Etwas Mehl in kaltem Wasser anrühren und zum Eindicken kurz aufkochen. Nach Belieben etwas Crème fraîche oder Sahne zugeben.

Dazu passen handgemachte Spätzle oder breite Nudeln.

Unsere Weinempfehlung:

Grauburgunder Kabinett trocken
aus der Kaiserstühler Toplage
Endinger Steingrube mit würzigen
Nuancen und vielschichtigem
Gesamteindruck.

Weingut
Schätzle
LEOPOLD SCHÄTZLE

Drejerlei Fleischkeesbällili

[Dreierlei Fleischkäsebällchen]

für 4 Personen

· *ca. 1 kg Fleischkäsebrät (beim Metzger
  vorbestellen; nach Belieben in den Varianten
  „Klassisch", „Zwiebel" oder „Pizza")*
· *Cocktailtomaten, Mini-Mozzarella, Gürkchen,
  Oliven, Käse etc. nach Belieben*
· *ausgestochene Brotscheiben*

Unsere Weinempfehlung:

*Klassischer, feinfruchtiger
Weißburgunder Kabinett trocken
mit zartem Abgang.*

Weingut
LEOPOLD SCHÄTZLE

Ganz wichtig: Fleischkäsebrät am Tag des
Einkaufs verarbeiten, weil es dann noch
geschmeidig ist. Von jeder Sorte Brät Bällchen zu je 80 g formen (pro Person rechnet
man 3 Bällchen). Die geformten Bällchen
auf ein mit Backpapier ausgelegtes Blech
legen und bei 150° (Umluft) ca. 30 Min.
im Ofen backen. Die Zeit kann je nach
gewünschter Bräunung variiert werden.
Abgekühlte Fleischkäsebällchen mit den
restlichen Zutaten auf Spieße stecken und
auf Platten anrichten.
Als Beilagen passen badischer Kartoffelsalat
(ohne Mayonnaise, nur mit Brühe, Essig,
Öl, Salz und Pfeffer!), grüner Blattsalat
und Brot.

Fleischkäs', Filet und Fußball

Michael Sexauer *Metzgerei Sexauer, Königschaffhausen*

...ditionsmetzgerei weiterführt und sie zu einem Anlaufpunkt für Genießer macht, die ehrliches Metzgerhandwerk zu schätzen wissen.

Der leidenschaftliche Metzgermeister kann es sich nicht mehr anders vorstellen, als jeden Montag in der Früh über ein Dutzend Schweine und „ein Stückli Großvieh" zu schlachten. Mit seinem Grundsatz „Frischer geht's nicht!" verarbeitet er mit Sohn Holger und Team das schlachtwarme Fleisch zu delikater Brühwurst, Schwarz- und Leberwurst. Die langen Schlangen, die sich immer vor der Theke bilden, zeugen von der Beliebtheit seiner Fleisch- und Wurstwaren.

Geblieben ist bis heute die kleine, urige Bahnhofswirtschaft, die zur Metzgerei gehört. Hier lassen sich nicht nur Einheimische, sondern vereinzelt auch Touristen Ripple oder Bratwürste schmecken. „Kult" ist mittlerweile auch das Haxenfest, das immer am ersten Juni-Wochenende rund um die Metzgerei gefeiert wird. Gerne widmet sich Michael Sexauer aber nicht nur der Arbeit, sondern auch dem Vergnügen. Das findet der

Bis in die 1960er Jahre standen in den Wurstküchen am Kaiserstuhl gemauerte Kessel, die mit Holz und Briketts befeuert wurden. Für den damals noch kleinen Metzgersohn und Schülerbub Michael Sexauer (Jahrgang 1955) war es eine willkommene Abwechslung, immer für genügend Nachschub zu sorgen und dem Vater mit einfachen Arbeiten zur Hand zu gehen. So war es auch ganz klar, dass er die Königschaffhausener Tra...

...ehemalige Amateurfußballer sonntags auf dem Platz beim TuS Königschaffhausen. Vorausgesetzt, das Spiel geht entsprechend aus...

Badisch's Schiefili

[Badisches Schäufele]

für 4 Personen

· *ca. 1,2 kg Schäufele*

Ofen auf 100° (Umluft) vorheizen. Das
Schäufele auf ein tiefes Blech legen, mit
Wasser auffüllen und ca. 1,5 Std. garen.
Nach dem Herausholen in Scheiben schnei-
den und mit Kartoffelsalat und grünem
Salat servieren.

Unsere Weinempfehlung:

Königschaffhauser Hasenberg
Grauer Burgunder Qualitätswein
trocken, Klasse Burgunder, mit fein-
gliedriger Fruchtsäure und eleganter
Textur.

bewusst?: Schäufele mit
Kartoffelsalat und grünem Salat
(im Winter Feldsalat!) ist DAS
traditionelle badische Gericht für
Festlichkeiten wie zum Beispiel
Polterabend, Richtfest oder Heiligabend.

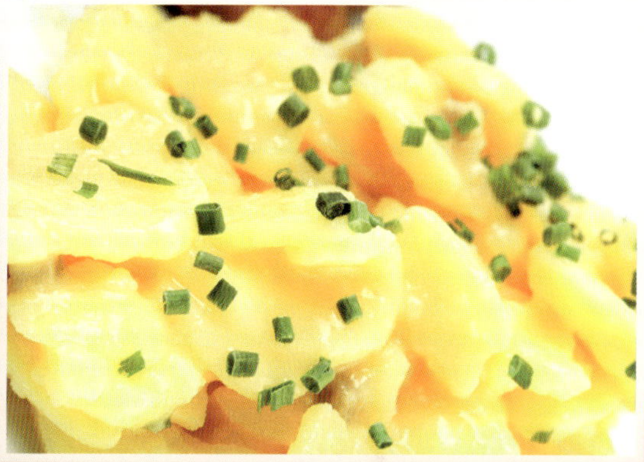

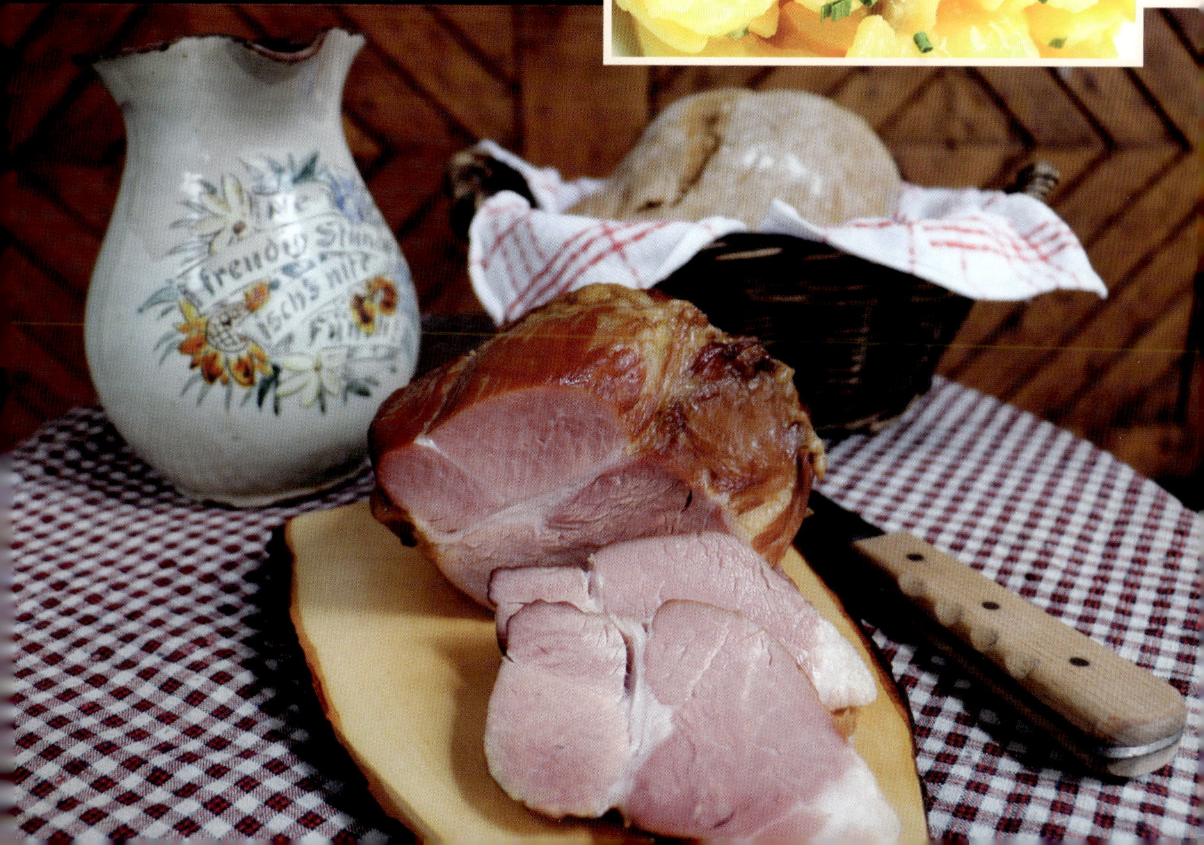

Rinderbroodis vu de hoche Ribbe

[Rinderbraten von der Hohen Rippe]

für 4 Personen

· *ca. 1,4 kg Rinderbraten, gewürzt
(beim Metzger vorbestellen)*

Ein Backblech mit Alufolie auslegen, den Braten darauf legen und im vorgeheizten Ofen bei 150° (Umluft) 2 Std. garen. Aufschneiden und mit einer feinen Sauce, frischem Gemüse und Kartoffelgratin, Nudeln oder Spätzle servieren.

Unsere Weinempfehlung:

Königschaffhauser Steingrüble Spätburgunder Rotwein Qualitätswein trocken „Selection", ein Wein mit einem langen, eleganten Finish.

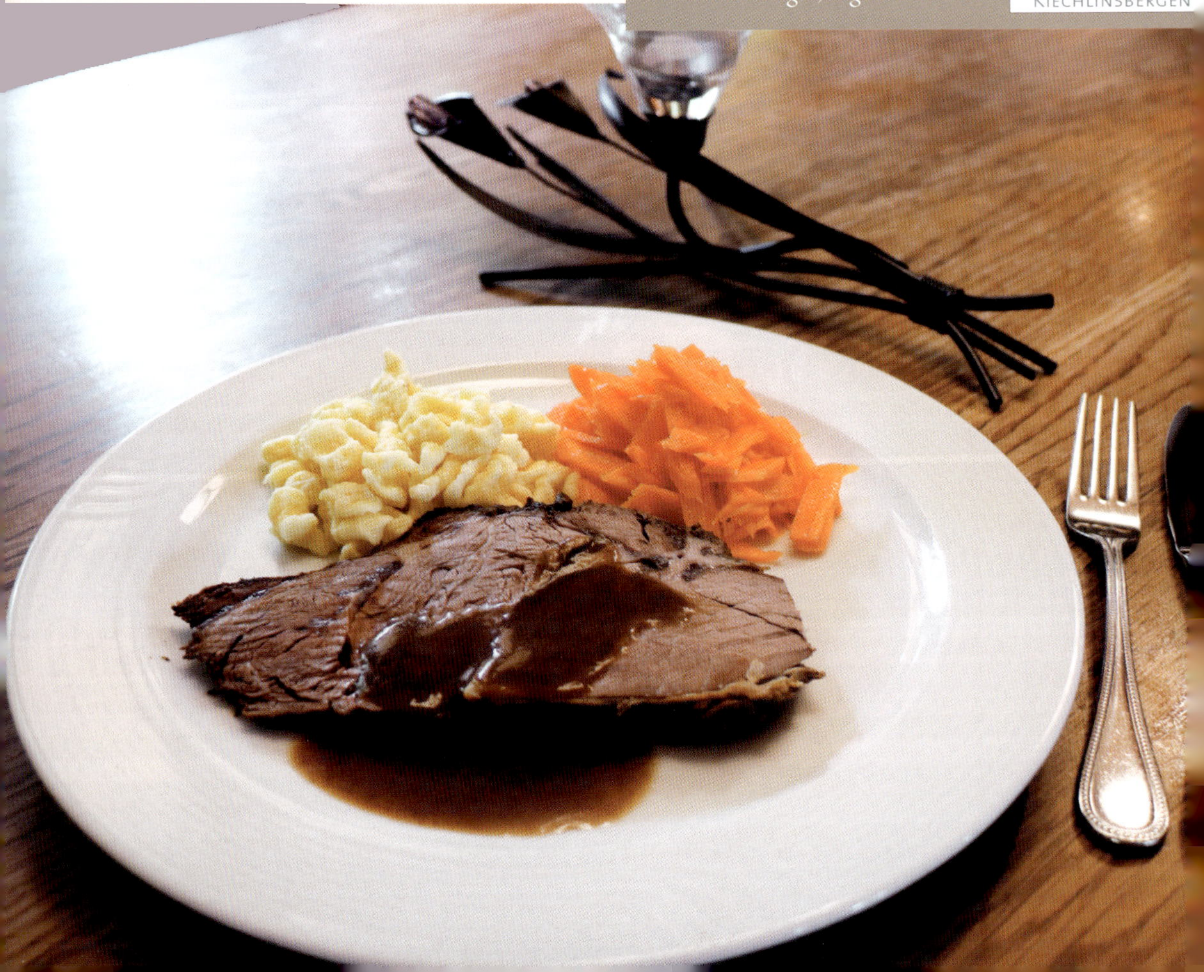

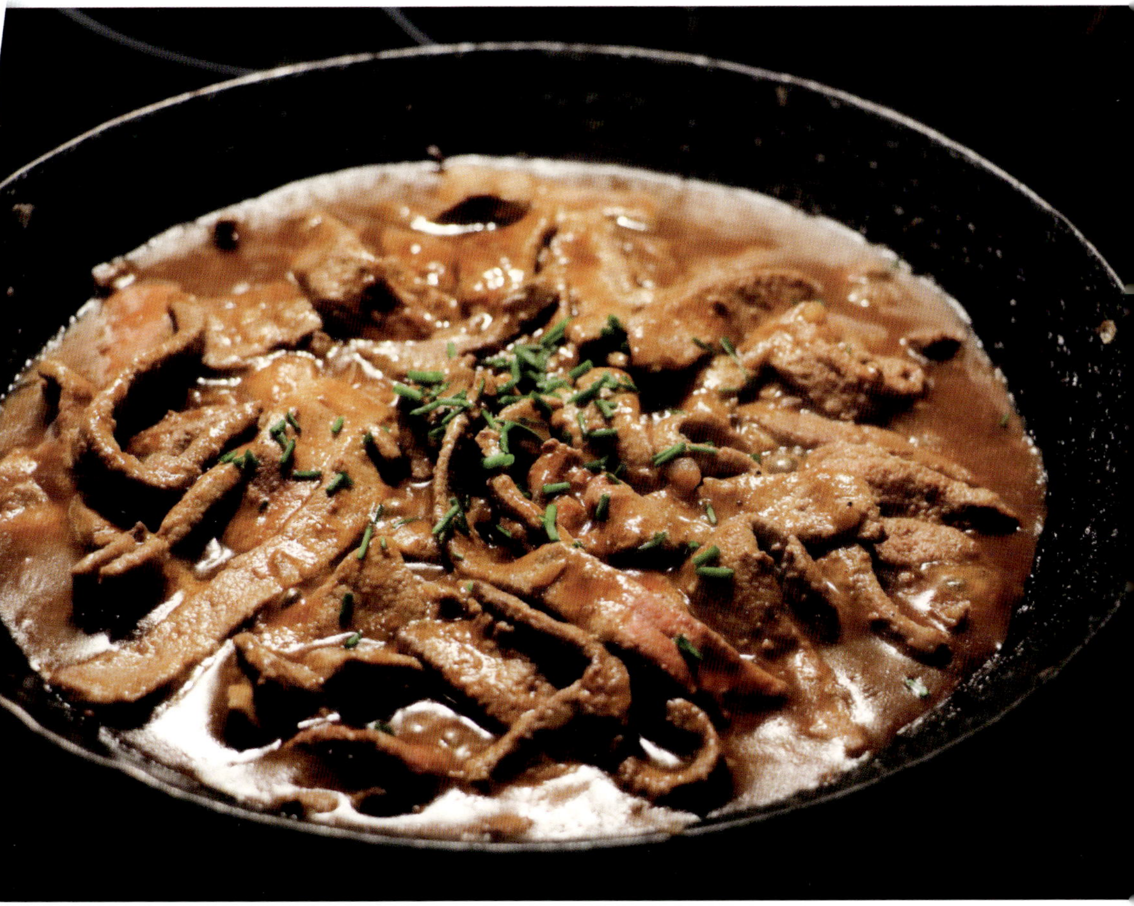

Süürs Leberli

[Saures Leberle]

für 4 Personen

· *1 kg Schweineleber, geschnetzelt*
· *1 kleine Zwiebel*
· *2 Lorbeerblätter*
· *ca. 500 ml Bratensauce*
· *100 ml Weinessig*
· *Salz, Pfeffer*

Zwiebel schälen und klein würfeln. In etwas Öl anbraten, geschnetzelte Leber dazugeben und mit anrösten. Mit Salz und Pfeffer würzen, Lorbeerblätter dazugeben. Mit Essig und Bratensauce ablöschen. Sauce bei Bedarf mit Mehl binden.
„Brägili" (Bratkartoffeln) oder Bauernbrot dazu reichen.

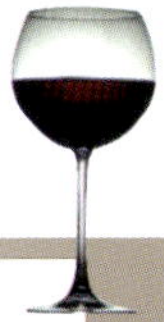

Unsere Weinempfehlung:

Kaiserstühler Cabernet Sauvignon / Merlot Qualitätswein trocken

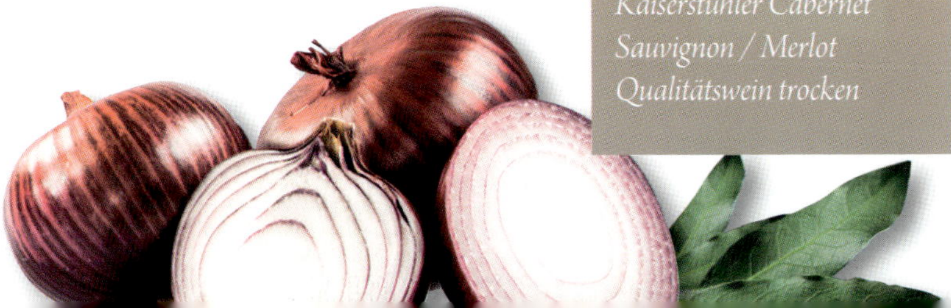

Männerwurst auch für die Damen

Josef Spath *Schützen-Metzgerei Spath, Oberprechtal*

Angefangen hatte alles mit der legendären „Speck-Pauline", der Urgroßmutter von Josef Spath. Von 1898 bis 1901 verkaufte sie samstags Butter, Eier, Beeren, Wurst und Speck vor den Toren der Firma Gütermann in Gutach, bis schließlich die Eisenbahnstrecke nach Freiburg gebaut wurde. Seit 1901, nur unterbrochen durch die beiden Kriege, findet man die Familie Spath auf dem Freiburger Münsterplatz und zwischenzeitlich auch auf dem Markt in Emmendingen. Josef Spath, der ab der 9. Klasse als einziger Schüler wegen des Marktes samstags schulfrei bekam, steht seit seinem 14. Lebensjahr jede Woche auf dem Münsterplatz – heute in einem modernen Verkaufswagen, der zu den Ersten in Baden-Wüttemberg gehörte, in dem das komplette Sortiment einer Metzgerei unter freiem Himmel verkauft werden darf. 2015 wurden die Spaths zum ersten Mal vom „Feinschmecker" zu den 500 besten Metzgern in Deutschland gewählt.

Zu Hause ist der leidenschaftliche Metzgermeister mit seiner Familie im „Schützen" im Elzacher Ortsteil Oberprechtal. Beliebt ist der Landgasthof wegen seiner traditionellen badischen Küche und dem erstklassigen Fleisch, das direkt aus der hauseigenen Metzgerei in die Pfanne kommt. Die Touristen, egal ob aus Nordrhein-Westfalen oder den Niederlanden, schätzen oben in der Stube den Service von Regina Spath, Tochter Angela und ihrem Team und lassen sich genüsslich mit einem feinen „Meggeli"* verwöhnen. Unten in der Metzgerei lassen sie sich gern die „Männerwurst" einpacken, eine Salami mit Amaretto, Rotwein und Waldhonig. Oder sie möchten etwas Besonderes erleben: eine Planwagenfahrt mit dem Metzgermeister persönlich. Josef Spath liebt das Traktorfahren und fährt alle gern ins Glück: von aufgeweckten Rentnern bis zu Junggesellinnen und -gesellen auf ihrer Abschiedstour...

* *Stückchen*

G'schmorde Kalbsbug

[Geschmorter Kalbsbug]

für 4 Personen

· *1,2 kg Kalbsbug (Mittelbug, Bugschaufel)*
· *2 Karotten*
· *2 Knoblauchzehen*
· *$^1/_2$ Sellerie*
· *1 l Fleischbrühe*
· *0,25 l Weißwein*
· *Salz, Pfeffer*
· *Bratöl oder Butterschmalz*
· *Mehl nach Bedarf*
· *Sahne*

Fleisch würzen und in heißem Fett anbraten. Sobald das Fleisch eine schöne Farbe hat, das gewürfelte Gemüse zugeben. Kurz mitbraten und Wein und Brühe zugießen. Im Ofen bei 150° ca. 1,5 Std. mit Deckel garen. Fleisch herausnehmen, Sauce pürieren und durchsieben. Bei Bedarf mit etwas Mehl abbinden, nachwürzen und mit Sahne verfeinern.
Als Beilagen werden Bandnudeln und Gemüse empfohlen.

Unsere Weinempfehlung:

Ihringer Fohrenberg Weißer Burgunder Kabinett trocken, der mit seinem Schmelz mit dem Gemüse und zarten Kalbfleisch harmoniert.

GERHARD
KARLE
WEIN- UND SEKTGUT

Metzgerpfännli

[Metzgerpfännnchen]

für 4 Personen

- *4 Rindermedaillons à 120-150 g*
- *4 Schweinemedaillons à 80–100 g*
- *8 Scheiben Emmentaler*
- *Salz, Pfeffer*
- *Spätzle*

<u>*Für die Pilzrahmsauce:*</u>
- *200 g Champignons*
- *30 g Butter*
- *30 g Mehl*
- *500 ml Brühe*
- *2 Msp. Knoblauchpulver*
- *2 Schalotten, gewürfelt*
- *1/2 Becher Sahne*

Unsere Weinempfehlung:

Ihringer Fohrenberg Spät-
burgunder Rotwein
Kabinett trocken, ein
fruchtiger Spätburgunder-Typ.

GERHARD
KARLE
WEIN- UND SEKTGUT

Rinder- und Schweinemedaillons würzen und medium braten. Spätzle in eine ofen-feste Form geben und mit Emmentaler belegen. Im Ofen bei 150° überbacken, bis der Käse geschmolzen ist.

Für die Sauce eine Mehlschwitze zubereiten, mit Brühe aufgießen. Geschnittene Champignons und Schalotten in Fett anbraten. Sauce dazugeben, würzen und mit Sahne abrunden.
Filets auf die Spätzle legen und mit genügend Pilzrahmsauce übergießen. Mit gemischtem Salat servieren.

G'fillde Schwienehals

[Gefüllter Schweinehals]

für 4 Personen

· *1,2 kg Schweinehals*
  (vom Metzger zu einer Platte aufschneiden lassen)
· *Salz, Pfeffer*

Für die Füllung:
· *200 g Kalbsbrät (beim Metzger vorbestellen)*
· *1 Zwiebel, gewürfelt*
· *100 g Champignons, geschnitten*
· *frische Petersilie, gehackt*
· *100 g Speck, geschnitten*

Zwiebel, Champignons und Petersilie fein hacken und zusammen mit dem Kalbsbrät zu einer Farce verarbeiten. Die Masse gleichmäßig auf das ausgebreitete, gewürzte Fleisch streichen. Die Fleischplatte zusammenrollen und außen nochmals kräftig würzen. Mit Küchengarn umwickeln und fixieren.
Den gefüllten Schweinehals offen im Ofen bei 125° ca. 2 Std. braten. Nach dem Herausnehmen in Alufolie packen und 15 Min. ruhen lassen. Den Hals aufschneiden und auf einer Platte anrichten.

Als Beilagen eignen sich Kroketten und ein gemischter Salat.

Unsere Weinempfehlung:

Ihringer Winklerberg
Spätburgunder Rosé
Kabinett trocken
mit Aromen von Waldfrüchten.
Eine spannende Kombination.

GERHARD
KARLE
WEIN- UND SEKTGUT

Alte Schule neu belebt

Simon Thomann *Gasthaus-Metzgerei Rebstock, Wagenstadt*

Jahr 2013 übernahm Simon Thomann den Betrieb in 3. Generation von seinen Eltern. Als Metzgermeister und Koch, der in Stuttgarts „Graf Zeppelin" die Kunst der feinen Zubereitung erlernte, bringt der 41-jährige die besten Voraussetzungen für eine Metzgerei und Küche mit, die mit traditionellen Zutaten zu begeistern weiß.

Die ganze Familie packt mit an, wenn der „Rebstock" am Donnerstag- und Freitagabend und für Feierlichkeiten geöffnet ist. An lauen Sommerabenden schmachten die Gäste in der Gartenlaube schon den saftigen Grillhähnchen entgegen, und sobald es kälter wird, stehen Wildspezialitäten und Schlachtplatte hoch im Kurs.

In der modern ausgestatteten Wurstküche setzen Simon Thomann und sein Vater Willi tagtäglich alles daran, handwerklich erzeugte Produkte nach alter Tradition herzustellen. Heraus kommen Leckerbissen wie die Braunschweiger Mettwurst oder die Krakauer nach einem alten Hausrezept von Opa Max, in der Kümmel und Schwarte nicht fehlen dürfen. Und jenseits der fleischlichen Genüsse? Da erlebt man den jungen Metzgermeister an seiner Posaune im Musikverein und in der Rockband „Heizraum", die ganz schön würzig einzuheizen versteht.

Kenner wissen, wo und wie oft sie abbiegen müssen, um zum „Rebstock" in Herbolzheim-Wagenstadt zu gelangen. In der Tat liegt dieses kulinarische Kleinod etwas versteckt in dem 1000-Seelen-Dorf, doch besonders wegen der dazugehörigen Metzgerei lohnt sich der Weg dorthin allemal. Im

Schwardemage mid Vinaigrette

[Schwartenmagen mit Vinaigrette]

für 4 Personen

· *800 g Schwartenmagen, hauchdünn geschnitten*

Für die Vinaigrette:
· 8 EL Öl
· 3 EL Essig
· 1 Spritzer Zitronensaft
· $1/2$ TL Salz
· $1/4$ TL Zucker
· Prise Pfeffer
· Zwiebelwürfel
· Petersilie, gehackt

Zutaten für die Vinaigrette miteinander vermischen. Teller mit Schwartenmagen-scheiben belegen und Vinaigrette darüber träufeln. Dazu Brot reichen.

Unsere Weinempfehlung:

Aromareicher Bleichtäler Grauer Burgunder mit fruchtiger Säure, der dieses Vesper optimal abrundet.

Bleichtäler Winzer

Tipp: **Ein schnell zubereitetes, erfrischendes Mittags- oder Vespergericht, besonders im Sommer!**

Rindfleischsalad

[Rindfleischsalat]

für 4 Personen

· 1,6 kg Rindfleisch
· $^1/_2$ Salatgurke
· 1 große Karotte
· 1 mittlere Zwiebel
· 1 kl. Bund Schnittlauch

<u>Für das Dressing:</u>
· 50 g Öl
· 100 g Weinessig
· 50 g Balsamico-Essig
· $^1/_2$ TL Pfeffer
· 5 g Salz
· 5 g Zucker
· 1 Spritzer Tabasco
· 1 Spritzer Maggi
· 150 g echte Fleischbrühe
· 50 g Tomatenketchup

Rindfleisch, mit leicht gesalzenem Wasser bedeckt, 2 Std. sieden lassen. $^1/_2$ Std. vor Garende die Karotte hinzufügen. Fleisch abkühlen lassen, mit der Aufschnittmaschine in nicht zu dicke Scheiben schneiden und dann mit einem Messer in feine Streifen oder Rauten schneiden. Karotte und Gurke in Streifen schneiden. Zwiebel fein hacken, Schnittlauch in Röllchen schneiden. Zutaten für das Dressing miteinander verrühren und mit dem Fleisch vermischen, anschließend etwas durchziehen lassen.
Mit Brot servieren.

Unsere Weinempfehlung:

Trockener Bleichtäler Spätburgunder mit feinem Beerenduft und kräftiger, gehaltvoller Gerbstoffprägung.

Unsere Weinempfehlung:

Ein frischer, fruchtiger Bleichtäler Weißburgunder ist mit seinem ausgeglichenen Charakter ein optimaler Begleiter.

Bleichtäler Winzer

Pude im Brokkoli-Bräd-Mandl

[Pute im Brokkoli-Brät-Mantel]

für 4 Personen

· ca. 560 g Pute (lange Stücke ohne Sehnen)
· 400 g Brokkoli, frisch oder TK
· 4 Scheiben Toastbrot, gewürfelt
· 3 Eier
· Röstzwiebeln, Knoblauchpfeffer, Muskat
· 250 g Bratwurstbrät
· Butterschmalz
· Salz, Pfeffer

Brokkoli bissfest kochen, abkühlen lassen und klein schneiden. Toastwürfel in Butterschmalz rösten. Eier verquirlen, Toastbrot hinzugeben und mit Gewürzen und Brät gut vermengen. Pute mit Salz und Pfeffer würzen. Brokkolimasse quer und in Rechteckform auf ein Stück Klarsichtfolie streichen. Das Fleisch der Länge nach strangartig auf das untere Drittel der Masse legen und das Ganze mit Hilfe der Folie von unten her einrollen, so dass das Fleisch am Ende von der Brokkolimasse ummantelt ist. Einen halben Tag lang mit der Folie im Kühlschrank ruhen lassen. Nach dem Entfernen der Folie bei 150° im Ofen 45 Min. backen.

Die Fleischteile

Die Fleischteile des Schweins:

1   Spitzbein/Pfote

2   Hintereisbein

3a   Nuss

3b   Schinkenstück
mit Schinkenspeck

3c   Oberschale

4a   Filetkotelett

4b   Stielkotelett

4c   Kamm

5a   Bauch

5b   Bauchzuschnitt

5c   Wamme

6   Dicke Rippe

7   Bug/Schulter

8   Vordereisbein

9   Rückenspeck

10   Kopf mit Backe
und Ohr

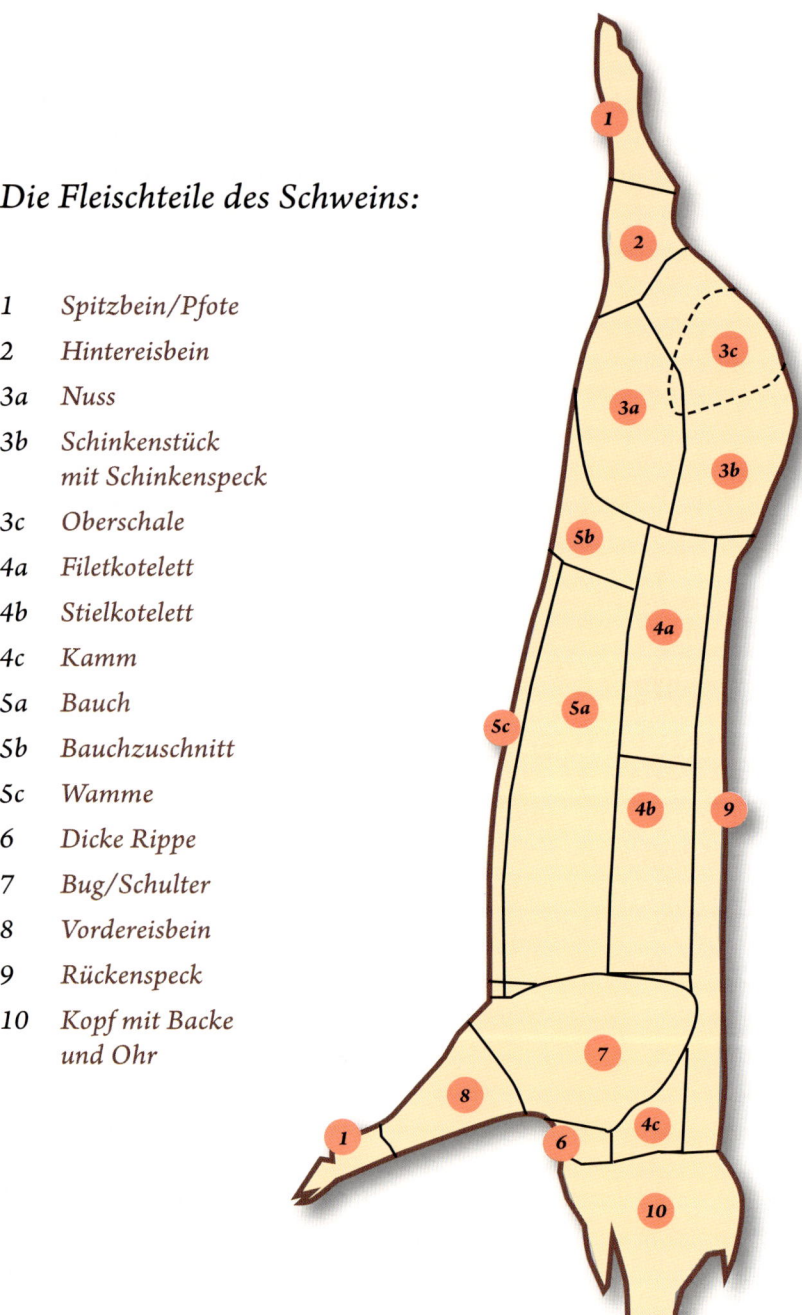

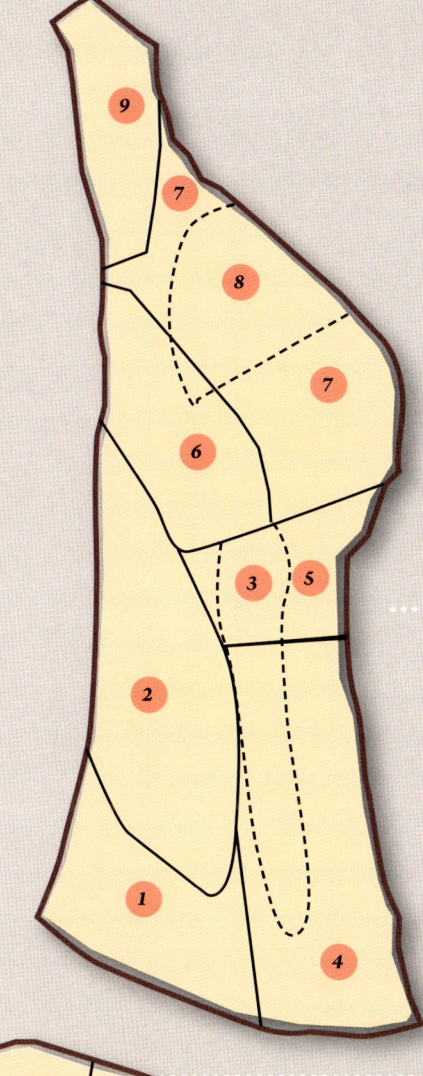

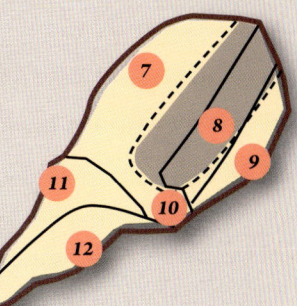

Die Fleischteile des Rindes:

Rinderhinterviertel

1 Knochendünnung

2 Fleischdünnung

3 Filet

4 Roastbeef

5 Blume/Hüfte mit Tafelspitz

6 Kugel mit Bürgermeisterstück

7 Schwanzstück mit Rolle und Rose

8 Oberschale mit Deckel

9 Hinterhesse

Rindervorderviertel

1 Hohe Rippe

2 Fehlrippe

3 Hals

4 Spannrippe

5a Brustbein

5b Mittelbrust

5c Nachbrust

6 Bug

7 Dickes Bugstück

8 Schaufelstück

9 Falsches Filet

10 Ellbogenstück

11 Hessenbraten

12 Vorderhesse

13 Schaufeldeckel

abc
der Fleisch- und Wurstwaren
Das kleine Metzgerlexikon

Abhängen – Reifevorgang, den das Fleisch nach der Zerlegung durchlebt. Dabei zersetzen die fleischeigenen Mikroorganismen den vorhandenen Fleischzucker zu Milchsäure. Diese wirkt auf das Bindegewebe des Fleisches ein und macht es weich.

Bananenkrankheit – Rückenmuskelerkrankung beim Schwein, die zu bananenförmiger Rückenkrümmung führt.

Barbecue (BBQ) – *engl.* Indirektes, langsames Garen von großen Fleischstücken bei mäßiger Temperatur in der heißen Abluft eines Holzfeuers.

bardieren – Fleisch wird mit Speck umwickelt oder belegt, um ein Austrocknen beim Braten zu verhindern.

Beef Brisket – *engl.* Das Beef Brisket zählt neben den → Spare Ribs und dem → Pulled Pork zu den Klassikern des typischen amerikanischen → BBQ. Mit einer trockenen Gewürzmischung eingerieben, kommt es für mind. eine Nacht oder 24 Std. in die Kühlung, anschließend in den BBQ-Smoker.

Beefsteak – Steak eines Rindes.

Beinscheibe – Beinfleischscheibe mit eingewachsenem Markknochen, vom Rind.

Brät – Grundmasse zur Herstellung von → Brühwurst. Zur Brätherstellung wird mageres Fleisch, Speck und Trinkwasser (Eis) unter Zusatz von Salz, Gewürzen und notwendigen Zusatzstoffen wie Phosphat und Antioxidantien im Kutter zu einer feinen bindigen Masse zerkleinert. Das Wasser wird in Form von Eis zugesetzt, damit keine zu starke Erwärmung durch die schnell rotierenden Messer erfolgt.

Brühwurst – Durch Erhitzen (Brühen im Wasserbad, Braten, Backen) erzeugte Wurstwaren wie z.B. Wiener, Lyoner, Weißwurst oder Bierwurst.

Bürgermeisterstück – Auch → Pastorenstück. Feinfaseriges kleines Teilstück des Rindes zwischen Hüfte und → Nuss, das früher dem Bürgermeister bzw. Pastor vorbehalten war.

Dry-aged Beef – *engl.* Trockenes Reifen von Rindfleisch durch Abhängen der Teilstücke an der Luft. Gegenteil ist die Nassreifung im Vakuumbeutel.

Fleischkäse – Auch: Leberkäse. → Brühwurst, in Formen gebacken.

Flexitarier – „Teilzeitvegetarier", der mehrere Tage in der Woche auf Fleisch verzichtet und dafür Fleisch in Bio-Qualität bevorzugt.

Flomen – Fett (Nierenkapsel) vom Schwein.

Garstufen – Auch: Garpunkte. Es gibt fünf Garstufen: blau, roh / blutig bis rosa / rosa, englisch / medium / well done.

Kerntemperatur – Temperatur in der Mitte eines Lebensmittels bzw. Bratguts.

Kochwurst – Wurst, die überwiegend aus gekochtem Ausgangsmaterial hergestellt wird. Roh wird meist nur Leber oder Blut zugesetzt. Es gibt schnittfeste und streichfähige Kochwürste, z.B. Leberwurst, Blutwurst.

Kotelett – Fleischstück, in dem noch der Knochen steckt. Koteletts gibt es vom Schwein, Kalb, Schaf und Lamm sowie vom Rind.

Krausdarm – Dickdarm vom Schwein, als Wursthülle geeignet.

Kühlkette – Die Kühlkette bedeutet, dass die Kühlung von Fleisch oder Wurst nicht unterbrochen wird. D.h. auch Arbeitsräume, in denen Fleisch verarbeitet wird, müssen gekühlt sein.

Kunstdarm – In der Wurstherstellung als Ersatz für Naturdärme. Kunstdarm wird aus teils essbaren, teils nicht essbaren Materialien hergestellt.

Kutter – Eine der wichtigsten Maschinen in der Metzgerei. Mit der Leistung eines Kleinwagens rotieren 6 scharfe Messer mit über 5000 U/Min in einer Schüssel. Dabei wird das Fleisch und Speck so fein zerkleinert, dass ein → Brät entsteht.

marinieren – Fleisch oder Fisch in einer „sauren" und gewürzten Flüssigkeit einlegen (z.B. Öl, Essig, Buttermilch, saure Sahne, Zitronensaft). Zusammen mit Gewürzen macht es das Fleisch lange haltbar und besonders mürbe. Auch der Geschmack der Marinade geht in das Fleisch über.

Mettwurst – Streichfähige Rohwurst.

Metzgerzwiebel – Milde Gemüsezwiebel, die oft mehr als 200 g wiegt und eine wichtige Zutat in der Wurstküche des Metzgers ist. Wegen ihrer Größe wird sie besonders gerne gefüllt, zum Beispiel mit Hackfleisch.

Naturdarm – Wursthülle aus natürlichem Darm.

Nitritpökelsalz – Auch: Pökelsalz. Gemisch von Speisesalz mit etwa einem halben bis einem Prozent Natriumnitrit ($NaNO_2$, als Lebensmittelzusatzstoff: E 250) oder mit Natriumnitrat. Die Mischung wird zum Pökeln, also zum Haltbarmachen von Fleisch- oder Wurstwaren verwendet.

Nuss – Teilstück der Keule.

parieren – Koch- bzw. bratfertiges Befreien eines Stücks Fleisch von Häuten, Sehnen und unerwünschtem Fett.

poltern – Mechanisches Behandeln von Fleisch in einer rotierenden Trommel. Durch die ständige, langsame Bewegung des Fleisches erfolgt ein Eiweißaufschluss. Dieses Eiweiß sorgt nach dem Erhitzen für den Zusammenhalt der Fleischteile.

Pulled Pork – engl. Traditionelles Rezept der US-Südstaatenküche, das aus erlesenem, magerem Schweinefleisch zubereitet wird. Klassischerweise wird es in einem → Smoker bis zu zwölf Std. bei niedriger Temperatur gegart, bis es so zart ist, dass es mit zwei Gabeln „zerrissen" werden kann.

räuchern – Konservierungsverfahren. Die im Rauch enthaltenen Phenole, Kerosole, Formaldehyd oder Essigsäure lassen das Eiweiß der Räucherware gerinnen und wirken so konservierend. Durch den Rauch verändern die Lebensmittel ihren Geschmack und Geruch.

Rohwurst – Wurstwaren, die roh verzehrt werden. Meistens sind sie → umgerötet und ohne Kühlung (über + 10 °C) lagerfähig. Es gibt streichfähige Rohwürste (z.B. grobe oder fein zerkleinerte Mettwurst), die relativ frisch gegessen werden.

Saitling – Schafsdarm für dünne Würstchen (18-26 mm) wie Pfefferbeißer oder Wiener.

Schlachtfette – Tierische Fette, die beim Schlachten anfallen und weiterverarbeitet werden. Meist stammt das Fett von Gänsen, Rindern oder Schweinen.

Schlachtschüssel – Die typisch fränkische Schlachtschüssel besteht aus warm verzehrter, frischer Blut- und Leberwurst, einem Stück Kesselfleisch (frisch gekochtes Bauch- oder Schweinekopffleisch) und meistens noch einer gebratenen Bratwurst. Dazu gehört gekochtes Kraut und eine Scheibe Schwarzbrot.

Schlachttiere – Zur Schlachtung und für die menschliche Ernährung bestimmte Haustiere.

Schlachtung – Töten von Nutztieren unter Blutentzug, um deren Fleisch für den menschlichen Verzehr zu gewinnen.

Schnitzel – Wird vor dem Braten dünn geklopft und oftmals leicht paniert. Am berühmtesten ist das Wiener Schnitzel, das aus sehr dünn geklopftem Kalbfleisch (aus der Kalbsoberschale) mit leichter Brösel-Panade besteht.

Servela – Kurze dicke Brühwurst im Rinderkranzdarm. In der Schweiz: Klöpfer.

Servelatwurst – Veraltet für: Zervelatwurst. Schnittfeste, fein zerkleinerte Rohwurst.

Smoker – *engl*. Mit Holz oder Kohle befeuerter Ofen, in dem Speisen im heißen Rauch gegart oder geräuchert werden.

Spare Ribs – *engl*. Schälrippchen. Zusammen mit → Pulled Pork und → Beef Brisket eine der drei Spezialitäten des → Barbecues.

Speck, grüner – Frischer, unbehandelter Rückenspeck vom Schwein, dient zum → Spicken und → Bardieren.

spicken – Fleisch zum Braten mit Speckstreifen durchziehen.

Steak – Zum Kurzbraten oder Grillen geeignete (mürbe), nicht zu dünne, i.d.R. quer zu den Fasern geschnittene Scheibe aus in natürlichem Zusammenhang belassenem, sehnenarmem Fleisch.

Tierwohl – Leitbild, unter dem eine tiergerechte Haltung von Nutztieren angestrebt wird.

Umrötung – Farbstabilisierung, die durch Nitritpökelsalz oder Nitrat (Salpeter) hervorgerufen wird. Durch chemische Vorgänge sorgt der Umrötungsstoff dafür, dass die natürliche rote Farbe des Fleisches auch nach einer Erhitzung bestehen bleibt.

Veganer – Mensch, der sämtliche Lebensmittel tierischen Ursprungs meidet.

Vegetarier – Mensch, der eine fleischlose Kost bevorzugt.

In der Wurstküche

Ein Altmeister
seines Fachs

Zerlegung

Lyonerbrät

Brät für Paprikalyoner

Schlachttag

Pfefferbeißer

Abbinden der Leberwurst

Leberwurst im Naturdarm

Wiener

Metzgergarderobe

Die Region genießen...

...können Sie mit den nachfolgenden Adressen von Metzgereien und Weinbaubetrieben, die Sie gerne bei der Auswahl von Fleisch, Wurst und Schinken und den dazu passenden Weinen beraten.

Seit 1989 sind wir für unsere Kundschaft auf den Freiburger Wochenmärkten in der Sundgauallee und im Stühlinger sowie in Riegel und Forchheim da. Bei der Herstellung unserer Wurstwaren legen wir größten Wert auf die Qualität der Ausgangsstoffe und verwenden deshalb ausschließlich Fleisch von Tieren aus Forchheim und Umgebung.

Wurstwaren nach alter Handwerkstradition
Selbstgeräucherte Forellen und Lachs

Spenglerstr. 3	Tel. 07642-406 74	info@metzgerei-binder.de
79362 Forchheim	Fax 07642-925575	www.metzgerei-binder.de

Der Name Metzgerei Brand steht schon seit 1991 für maximale Qualität und Frische! Wir sind der Meinung, dass Genuss dann perfekt ist, wenn Natürlichkeit und Ursprünglichkeit sich im Geschmack widerspiegeln. Schon deshalb bieten wir ausschließlich als besonderen Genuss Qualivo-Rindfleisch an. Der ständig wachsende und zufriedene Kundenstamm ist für uns Bestätigung und gleichzeitig Ansporn, auch in Zukunft maximale Qualität für unsere Kunden zu bieten.

Partyservice · Täglich wechselnder Mittagstisch
Dry aged Beef · Qualivo Premiumrindfleisch · Barbecue-Service

Hauptstraße 42	Tel. 07644/356	info@metzgerei-brand.de
79341 Kenzingen	Fax 07644/923975	www.metzgerei-brand.de

Brunner & Rüdlin bieten Ihnen:

- *Grill & BBQ-Veranstaltungen mit Smoker, Weideochs am Spieß, Spanferkel*
- *Trockengereifte Edelteile vom Hinterwälder Rind, dem „Landschaftspfleger im Südschwarzwald"*
- *Schwarzwälder Schinken- und Speckspezialitäten ohne Zuckerstoffe und Nitrit*
- *Alle Wurstsorten aus eigener Herstellung*
- *Eigene Gewürzmischungen ohne Zusatzstoffe, Aromen und Geschmacksverstärker*

Höllbergstraße 2	Tel. 07631/2325	info@dermetzger.eu
79379 Müllheim-Hügelheim	Fax 07631/16473	www.dermetzger.eu

Die Metzgerei & Wursterei Peter Dirr ist die feine Adresse für Liebhaber des besonderen Geschmacks. In unserer Genussmanufaktur am Kaiserstuhl entstehen ausgesuchte Wurst- und Schinkenspezialitäten, die dem Ruf nach handwerklich erzeugter Qualität statt Massenware gerecht werden.

Wurstwaren nach alter Handwerkstradition
Partyservice · Exquisite Auswahl an Speck und Schinken

Königschaffhauserstr. 17	Tel. 07642/1627	post@metzgerei-dirr.de
79346 Endingen	Fax 07642/6680	www.metzgerei-dirr.de

Frisch vom Metzger schmeckt's am besten!

Am 1.5.1988 übernahmen wir die Metzgerei von unseren Vorgängern Gerda und Emil Bär. Seither bieten wir Ihnen beste Meisterqualität aus der Region – für die Region, aus eigener Schlachtung und Herstellung. Wir sind ein Treffpunkt für Genießer!

Wurstwaren nach alter Handwerkstradition
Eigene Schlachtung · Partyservice

Hauptstraße 40	Tel. 07646/211	wolfgangehret@t-online.de
79367 Weisweil	Fax 07646/913552	www.landmetzgerei-ehret.de

Neben Wurst- und Räucherwaren nach alter Handwerkstradition und Familienrezeptur erwarten Sie in unserer Metzgerei:

• Rindfleisch von der Färse aus Teningen
• Hausgemachte Maultaschen
• Täglich wechselnder Mittagstisch zum Abholen
• Hausgemachte Fertiggerichte in Glas und Dose
• Warme Vespertheke und hausgemachte Salate
• Partyservice und Grillevents
• Gasthaus „Krone" für Feste und Feiern ab 25 – 70 Personen

Riegeler Straße 2	Tel. 07641/8446	info@metzgerei-feisst.de
79331 Teningen	Fax 07641/8480	www.metzgerei-feisst.de

Seit 1953 ist die Metzgerei Frey in der Hindenburgstraße ansässig.
Erstmals urkundlich erwähnt wurde die Metzgerei jedoch bereits 1890 im Stammhaus „Rebstock-Stube" in Denzlingen. Seit mehr als 100 Jahren bieten wir unseren Kunden Fleisch- und Wurstwaren in bester Qualität an. Ergänzt werden diese Produkte durch ein breites Sortiment an Feinkostspezialitäten, einem abwechslungsreichen Imbiss- und einem Partyservice-Angebot.

Wurstwaren nach alter Handwerkstradition
Partyservice · Täglich wechselnder Mittagstisch
Maultaschen aus eigener Herstellung

Hindenburgstr. 86	Tel. 07666/2202	info@metzgerei-frey.de
79211 Denzlingen	Fax 07666/8203	www.metzgerei-frey.de

Metzgerei Groß – Ihre Metzgerei in Reute und Nimburg

In dritter Generation produzieren wir handwerklich nach bewährten Rezepten Fleisch- und Wurstwaren und überraschen Sie auch immer wieder gerne mit neuen Ideen.

Wurstwaren nach alter Handwerkstradition
Eigene Schlachtung · Partyservice
Maultaschen aus eigener Herstellung · Dry aged Beef

Hauptstraße 40	Tel. 07641/42812	info@metzgerei-gross-reute.de
79276 Reute	Fax 07641/934154	www.metzgerei-gross-reute.de

Die Metzgerei Hügle mit ihren 4 Filialen in Freiburg hat sich auf die Fahnen geschrieben:
Beste Bioland-Wurst und bestes Bioland-Fleisch aus ökologischem, heimischen Anbau und artgerechter Tierhaltung sind die Basis für ein natürliches Leben im Einklang mit der Natur. Wir haben uns zum Ziel gesetzt, mit der heimischen Herstellung und dem Vertrieb von biologischen Fleisch- und Wurstwaren eine zukunftsfähige Lebenswelt aktiv mitzugestalten.

Wurstwaren nach alter Handwerkstradition · Täglich wechselnder Mittagstisch
Maultaschen aus eigener Herstellung · Zertifiziert nach Bioland

| Tullastraße 75a | Tel. 0761/216944 0 | info@metzgerei-huegle.de |
| 79108 Freiburg | Fax 0761/216944 2 | www.metzgerei-huegle.de |

Der Kaiser-Metzger – Die Familienmetzgerei mit Herz!

Wir sind ein Familienbetrieb und Metzger aus Leidenschaft! Wir arbeiten mit Herz und Freude in unserem Beruf, was sich sowohl in unseren leckeren Köstlichkeiten als auch im Kontakt mit unseren Kunden widerspiegelt. Mit unseren 4 Geschäften im nördlichen Breisgau sind wir eine gute Adresse für Ihren täglichen Einkauf.

Wurstwaren nach alter Handwerkstradition
Partyservice · Täglich wechselnder Mittagstisch
Raum für Events mit 90 Sitzplätzen · Regionale Fleischqualität

| Hauptstraße 157 | Tel. 07643/265 | info@metzgerei-kaiser.de |
| 79365 Rheinhausen | Fax 07643/263 | www.metzgerei-kaiser.de |

Die Metzgerei Kanzinger ist das, was man unter einer echten Familienmetzgerei versteht. Begonnen hat alles 1896, als Wilhelm Kanzinger die Metzgerei eröffnete. Heute befinden wir uns in der vierten Generation. Mit unseren Spezialitäten räumten wir einige Preise ab. Unter anderem zählte uns die Zeitschrift „Der Feinschmecker" 2003 zu den 400 besten Metzgern Deutschlands.

Wurstwaren nach alter Handwerkstradition
Familienbetrieb · Regionale Bio-Produkte · Partyservice

| Bergstraße 105 | Tel. 07663/2270 | metzgerei-kanzinger@t-online.de |
| 79268 Bötzingen | Fax 07663/912467 | www.metzgerei-kanzinger.de |

Die **Metzgerei Kindle** ist ein 1958 von Gertrud und Albert Kindle gegründeter Familienbetrieb und seit 1998 unter der Leitung von Anita Kindle-Kastner. Seit jeher legen wir sehr viel Wert auf regionale Produkte, Frische und Qualität. Die Zeitschrift „Der Feinschmecker" zählt uns seit Jahren zu den 500 besten Metzgern Deutschlands.

Wurstwaren nach alter Handwerkstradition
Partyservice · Täglich wechselnder Mittagstisch
Maultaschen aus eigener Herstellung · Goldprämierte Weißwürste

| Hildastraße 3 | Tel. 0761/74242 | info@metzgerei-kindle.de |
| 79102 Freiburg | Fax 0761/706453 | www.metzgerei-kindle.de |

Essen ist ein Bedürfnis, Genießen eine Kunst.

Kaiserstühler Patés und Terrinen aus eigener Herstellung
Wurstwaren nach alter Handwerkstradition
Partyservice · Maultaschen aus eigener Herstellung

Tiefentalstr. 4	Tel. 07662/553	proeller.gmbh@t-online.de
79361 Sasbach-Jechtingen	Fax 07662/743	www.proeller.info

Ein Handwerksbetrieb mit Tradition seit 1818.

Unzählige Auszeichnungen auf nationaler und internationaler Ebene zeugen von höchster Qualität und Frische unserer Produkte, die wir ausschließlich selbst herstellen. Unsere Tiere kaufen wir direkt bei Bauern in der Region.

Wurstwaren nach alter Handwerkstradition · Partyservice
Täglich wechselnder Mittagstisch · Große Snack-Auswahl

Filiale Waldkirch/Kollnau:
Kollnauerstraße 3
Tel. 07681/3680

Filiale Freiburg:
Lehenerstraße 99
Tel. 0761/82525

Hauptstraße 46		info@metzgerei-riegger.de
79215 Elzach	Tel. 07682/367	www.metzgerei-riegger.de

Vor über 110 Jahren gründete August Rückert unsere Metzgerei.

Unser Betrieb wird heute in 5. und 6. Generation geführt und legt großen Wert darauf, seinen Kunden alle Wünsche zu erfüllen – vom „Dry aged"- Fleisch bis zur vom Gründer entworfenen „Zerbster Brägenwurst".

Alte Bundesstraße 84
79194 Gundelfingen

Filiale:		
Im Stühlinger 5	Tel. 0761/581701	info@metzgerei-rueckert.de
79423 Heitersheim	Fax 0761/5899520	www.metzgerei-rueckert.de

Bereits 1800 erstmals urkundlich erwähnt, bietet die Metzgerei Ruesch herzhaften Genuss wie zu Großvaters Zeiten. Wir freuen uns auf Ihren Besuch in unserem Stammhaus in Kiechlinsbergen oder in unserer Endinger Filiale.

Eigene Schlachtung
Wurstwaren nach alter Handwerkstradition
Partyservice

Grienerstr. 16	Tel. 07642/2204	mail@metzgerei-ruesch.de
79346 Kiechlinsbergen	Fax 07642/930098	www.metzgerei-ruesch.de

Seit 1928 steht die Landmetzgerei Sexauer für die handwerkliche Qualität ihrer Fleisch- und Wurstwaren aus eigener Schlachtung. Immer wieder modernisiert von Michael und Veronika Sexauer, geht der beliebte Traditionsbetrieb mit Sohn Holger und Tochter Katrin Sexauer in die Zukunft.

Wurstwaren nach alter Handwerkstradition
Eigene Schlachtung · Partyservice

Bahnhofstraße 8	Telefon + Fax:	info@metzgerei-sexauer.de
79346 Endingen-Königschaffhausen	07642/33 54	www.metzgerei-sexauer.de

Seit 50 Jahren gibt es die Schützenmetzgerei Spath und den Gasthof Hotel „zum Schützen" in Oberprechtal. 2015 wurden wir vom „Feinschmecker" zu den besten 500 Metzgern in Deutschland gewählt.

Wurstwaren nach alter Handwerkstradition
Partyservice
Täglich wechselnder Mittagstisch
Raum für Events mit 100 Sitzplätzen
Hotel mit 70 Betten

Waldkircherstraße 5	Tel. 07682/1265	info@spath-schuetzen.de
79215 Oberprechtal	Fax 07682/6661	www.spath-schuetzen.de

Seit 1959 ist der Rebstock Wagenstadt in Familienbesitz. Nach Opa Max und Vater Willi führt nun Simon Thomann den Betrieb in 3. Generation.

Metzgerei mit Wurstwaren nach alter Handwerkstradition
Gasthaus jeden Donnerstag und Freitag ab 17 Uhr geöffnet
Hausgemachter Kartoffelsalat · Partyservice für jeden Anlass

Wilhelm-Oesterle-Str. 4	Tel. 07643/6825	info@rebstock-wagenstadt.de
79336 Herbolzheim-Wagenstadt	Fax 07643/8903	www.rebstock-wagenstadt.de

Weinhof der Bleichtäler Winzer

Am Ausgang des malerischen Bleichtals liegen die Bleichtäler Weinberge, wo seit über 400 Jahren Wein angebaut wird. Heute wachsen dort Müller-Thurgau, Weißburgunder, Spätburgunder und ein aromareicher Grauburgunder.

Weinverkauf · Weinproben

79336 Bleichheim
Tel. 07643/933 25 00

info@bleichtaeler.de

www.bleichtaeler.de

WINZERGENOSSENSCHAFT
BÖTZINGEN
AM KAISERSTUHL EG

Erfahrene Winzerinnen und Winzer bearbeiten seit 1935 mit größter Sorgfalt und Hingabe ihre Reben für unsere Winzergenossenschaft.
Mit Fachkompetenz und viel Leidenschaft wird „Der Bötzinger" von unseren Kellermeistern ausgebaut. Bereits Johann Wolfgang von Goethe wusste schon um den Genuss des Bötzingers, als er seinen Freund, Hofrat Enderlin, in Bötzingen besuchte.

Weinverkauf · Weinproben · Kellerführungen · Events

Hauptstr. 13
79268 Bötzingen

Tel. 07663/9306-0
Fax 07663/9306-50

info@wg-boetzingen.de
www.wg-boetzingen.de

Weinmanufaktur Mario J. Burkhart

Manufaktur für Lieberhaberweine mit Herzblut und Leidenschaft.
Weine aus besten Lagen und alten Reben: Qualität, die man schmeckt.
Goldmedaillengewinner der Pinot Noir Masters 2015.

Weinverkauf · Weinproben
Keller- und Weinbergsführungen

Talmweg 1
79364 Malterdingen

Tel. 07644/926853
Fax 07644/926854

mario@weingut-burkhart.com
www.weingut-burkhart.com

Ökologischer Weinbau am Schönberg Freiburg-St. Georgen und Merzhausen

Bio-Weine aus pilzwiderstandsfähigen Rebsorten

Das besondere Weingut mitten in der Stadt

Weinverkauf · Weinproben
Liköre/Edelbrände · Weinbergführungen

Urachstraße 3
79102 Freiburg

Tel. 0761/13 77 111

info@weingut-andreas-dilger.de
www.weingut-andreas-dilger.de

Wir bewirtschaften ca. 3,5 ha Rebfläche am Gundelfinger Sonnenberg. Unsere Weine bestätigen ihre hohe Qualität durch Auszeichnungen bei der Landesweinprämierung. Genießen und käuflich erwerben können Sie diese auch in unseren Restaurants „Charivari" und „Rößle" in Gundelfingen.

Weinverkauf · Sekt · Edelbrände

| *Alte Bundesstraße 33* | *Tel. 0761/ 612 99 39* | *info@roessle-gundelfingen.de* |
| *79194 Gundelfingen* | *Fax 0761/ 580 054* | *www.roessle-gundelfingen.de* |

Weingut Franz Keller Schwarzer Adler

Das in die Kaiserstühler Rebterrassen eingebundene Weingutsgebäude gibt Einblicke in den Produktionsablauf und das Restaurant KellerWirtschaft bietet ein einzigartiges Panorama auf Weinberge und Naturschutzgebiet. Das Weingut ist Mitglied im VDP.Die Prädikatsweingüter. Ausgezeichnet: Meininger Award, Falstaff Trophy, Eichelmann*****, Feinschmecker.

Weinverkauf · Weinproben
Restaurants & Hotel · Events

| *Badbergstraße 23* | *Tel. 07662 / 93 30 0* | *keller@franz-keller.de* |
| *79235 Vogtsburg* | *Fax 07662 / 93 30 43* | *www.franz-keller.de* |

Traditionsreich. Ökologisch. Qualitätsorientiert.
Unser Weingut wirtschaftet seit 1991 mit großem Erfolg nach den Richtlinien des Bioland-Verbandes. Neben Weinanbau ist der Obstanbau ein wichtiges Standbein und das Destillieren von Edelbränden ein Steckenpferd von Norbert Helde. Auch bieten wir Feinkostprodukte wie Handgesammelter Winzertee, Kaiserstühler Walnusstorte, Konfitüren und eigenes Walnussöl an.

Weinproben · Kulinarische Weinveranstaltungen
Edelbrand-Menüs · Weinbergs- und Kräuterwanderungen
Ferienwohnungen

Norbert Helde		
Emil-Gött-Straße 1	*Tel. 07662/6116*	*info@wein-helde.de*
79361 Sasbach-Jechtingen	*Fax 07662/6160*	*www.wein-helde.de*

„Aus Freude am Wein"

Unter diesem Motto führen wir schon seit 1987 in erster Generation unser Weingut im Breisgau mit 12 ha Rebfläche. Auf mineralstoffreichen, kalkhaltigen Löss-, Lehm- und Muschelkalkböden gedeihen unsere Trauben. Überzeugen Sie sich selbst. Wir freuen uns auf Ihren Besuch in JÄGLES WEINLADEN.

Wein · Sekt · Spirituosen

| *Balgerstraße 8* | *Tel. 07644/4105* | *info@weingut-jaegle.de* |
| *79341 Kenzingen* | *Fax 07644/930031* | *www.weingut-jaegle.de* |

GERHARD KARLE
WEIN- UND SEKTGUT

Mit Leib und Seele haben wir uns seit vier Generationen dem Weinbau verschrieben. Genießen Sie unsere hochwertigen Weine ausschließlich aus den besten Lagen des Ihringer Winklerbergs und Fohrenbergs, die zu den bevorzugtesten in Deutschland zählen. Unsere 13 ha Weinberge bewirtschaften wir nach ökologischen Grundsätzen, die Trauben werden selektiv von Hand gelesen. Alle Weine und Sekte sind selbst erzeugt, werden nach qualitätsschonenden Verfahren ausgebaut und sind exklusive Gutsabfüllungen.
Zu einer persönlichen Weinprobe heißen wir Sie recht herzlich willkommen. Familie Gerhard und Elisabeth Karle

Weinverkauf · Weinproben · Sekt · Edelbrände

| Scherkhofenstr. 69 | Tel. 07668 5252 | info@weingut-gerhard-karle.de |
| 79241 Ihringen | Fax 07668 94181 | www.weingut-gerhard-karle.de |

KIEFER¹⁸⁵¹
by m&h schmidt

Kiefer 1851. Unser Weg ist klar: Genau wie eine herrliche, junge Cuvée dem Geist der Zeit entspricht, verbinden wir Tradition mit frischem Lebensstil. Damit stärken wir unser Motto Wein/Stil/Performance. Unsere Weine sind aufregend, lebendig und authentisch durch liebevolle Pflege der Weinberge und individuellen sowie schonenden Ausbau.

Weinverkauf · Weinproben
Liköre/Edelbrände

| Bötzinger Straße 13 | Tel. 07663/1063 | info@weingutkiefer.de |
| 79356 Eichstetten | Fax 07663/3927 | www.weingutkiefer.de |

BADEN

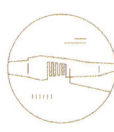

KAISERSTUHL

KÖBELIN
WEINGUT

Arndt Köbelin Weingut

2005 gründete Arndt Köbelin am Fuße der Eichstetter Weinberge sein eigenes Weingut. Die Gegend, die Landschaft und jeder Weinjahrgang unverfälscht in die Flasche zu bringen, hat in diesem Spitzenweingut oberste Priorität. Es erwarten Sie handwerklich erzeugte Weine, die sehr viel Trinkfreude bereiten.

Weinverkauf · Weinproben
Liköre/Edelbrände · Keller- und Weinbergführungen

| Altweg 131 | Tel. 07663/1414 | info@weingut-koebelin.de |
| 79356 Eichstetten | Fax 07663/912666 | www.weingut-koebelin.de |

WINZERGENOSSENSCHAFT
KÖNIGSCHAFFHAUSEN
KIECHLINSBERGEN

Modernste Technologie in Verbindung mit traditioneller Vinifikation bilden die Grundlage für den Ausbau unserer Weine. Zahlreiche Auszeichnungen bei nationalen und internationalen Wettbewerben bestätigen jedes Jahr aufs Neue die außerordentliche Qualität und den besonderen Charakter unserer Weine.

Weinverkauf · Weinproben
Kellerführungen

Winzergenossenschaft	
Königschaffhausen-Kiechlinsbergen eG	Tel. 07642/9041-0
Kiechlinsberger Str. 2-6	Fax 07642/9041-44
79346 Endingen-Königschaffhausen	info@koenigschaffhauser-wein.de

Weingut *Schätzle*
LEOPOLD SCHÄTZLE

Endingen im
Naturgarten Kaiserstuhl

Durch konsequentes Qualitätsstreben im Einklang mit der Natur werden alljährlich Spitzenerzeugnisse produziert. Das bestätigen auch zahlreiche hohe Auszeichnungen wie die Listung unter den besten Weinerzeugern im Fein-schmecker und bei AWC-Vienna, dem größten internationalen Weinwettbewerb. Laut DLG-Bundesweinprämierung die „Macher" der besten Rotweine trocken 2006+2007+2009+2014. Bekannt für exzellente Weinproben im Weingut oder auf Schloss Burkheim (im Familienbesitz). Bei besonderen Anlässen, zu einem feinen Essen oder nur, um den Tag schön ausklingen zu lassen: Ein „SCHÄTZLE" gehört einfach dazu!

Weingut · Brennerei · Ferienwohnungen

Wilhelmshöfe 1	Tel. 07642 3361	leopold@schaetzle-weingut.de
79346 Endingen	Fax 07642 2460	www.schaetzle-weingut.de

WEINGUT
Reinhold & Cornelia
SCHNEIDER

Unser familiengeführtes Weingut mit erlesenen Spitzenweinen finden Sie in Endingen in der Nähe des alten Stadttors.

Unsere Öffnungszeiten:
Freitag: 15 Uhr – 18 Uhr
Samstag: 09 Uhr – 14 Uhr
und nach telefonischer Vereinbarung

Weinverkauf · Weinproben · Edelbrände

Königschaffhauser Str. 2	*Tel. 07642/5278*	*info@weingutschneider.com*
79346 Endingen	*Fax 07642/2091*	*www.weingutschneider.com*

ZÄHRINGER
WEINGUT
Seit 1844

Im Einklang mit der Natur und der überlieferten Weinbau-Tradition entstehen im Weingut Zähringer charaktervolle Spitzenweine. Das Weingut, im Jahr 1844 gegründet, arbeitet seit 1987 biologisch und gehört damit zu den Pionierbetrieben des biologischen Weinbaus.

Weinverkauf · Weinproben
Keller- und Weinbergführungen auf Anfrage

Johanniterstraße 61	Tel. 07634/50489-10	info@weingut-zaehringer.de
79423 Heitersheim	Fax 07634/50489-99	www.weingut-zaehringer.de

Quellenverzeichnis:

August Ashauer, Das deutsche Wurst- und Fleischerhandwerk, Verlag Ernst Reinhardt, München 1951; Fleischerei heute, Dr. Felix Büchner, Verlag Handwerk und Technik (S. 16-17);Ernst Johann: Das Jahr des Metzgers, Druckerei Johannes Weisbecker, Frankfurt 1957; deutsche-handwerks-zeitung.de; vinzenzmurr.de; wikipedia.org/wiki/fleischer; die-nuernberger-bratwurst.de; planet-wissen.de; mbwassonst.de; fleischerbw.de; Geschäftsbericht 2013/2014 Deutscher Fleischer-Verband (DFV), fleischerhandwerk.de; fleischwirtschaft.de; klickmal.com/CK/kleinemetzgerei/zkm-wissen/Fachbegriffe.pdf; umdiewurst.de; richter-fleischwaren.de; wörterbuchdeutsch.com; duden.de; essen-und-trinken.de; lebensmittellexikon.de; allewoerter.de; vetion.de

Bildnachweis:

Titel	Hintergrund © SSilve, fotolia.com
	Schinken © upixa, shutterstock.com
Innentitel	© H. Brauer, fotolia.com
Paginierung	Wurst © akf, fotolia.com
Seite 6	Archiv Familie Rinklin, Archiv Willi Weishaar, Archiv Walter Hiss, Archiv Erna Sprich, Archiv Metzgerei Riegger
Seite 8	Ernst Johann, Das Jahr des Metzgers
Seite 8	Das Fleischerhandwerk in der Bildenden Kunst, Verlag C. F. Rees,
Seite 9	Posthorn © akf, fotolia.com
	Bratwurst © bluedesign, fotolia.com
Seite 10	Metzgergesellenverein Freiburg Dt. Fleischermuseum Böblingen
Seite 11	Rind © Funny Studio, fotolia.com
Seite 12	Schild © Jochen Binikowski, fotolia.com
Seite 12	Spieße © Mara Zemgaliete, fotolia.com
Seite 17	Schafskäse © kab-vision, fotolia.com
Seite 21	Knoblauch © kovaleva_ka, fotolia.com
Seite 22	Feuer © Misha, fotolia.com
Seite 31	Kartoffeln © Africa Studio, fotolia.com
Seite 33	Jägerstand © MaciejBledowski, fotolia.com
Seite 36	Schinken © Viktor, fotolia.com

Seite 43	Basilikum© dusk, fotolia.com
Seite 45	Suppengemüse © Lars Koch, fotolia.com
Seite 49	Zitronen © alexlukin, fotolia.com
Seite 50	Foto vom Haus: Metzgerei Kaiser
Seite 53	Pilze © photocrew, fotolia.com
Seite 61	Rösti © photocrew, fotolia.com
Seite 66	Foto vom Haus: Metzgerei Riegger
Seite 67	Nudelsuppe © Dar1930, fotolia.com
Seite 68	Themometer © Stefan Balk, fotolia.com
Seite 75	Petersilie © nata777_7, fotolia.com
Seite 77	Salat © Dani Vincek, fotolia.com
Seite 79	Kartoffelsalat © Daorson, fotolia.com
Seite 80	Kaiserstuhl © marqs, fotolia.com
Seite 90	Zwiebeln © Mariusz Blach, fotolia.com
	Lorbeer © Friedberg, fotolia.com
Seite 83	Nudeln © Daorson, fotolia.com
Seite 85	Champignon© Alexander Raths, fotolia.com
Seite 87	Zwiebel © EM Art, fotolia.com
Seite 88	Brot © womue, fotolia.com
Seite 89	Brokkoli© nipaporn, fotolia.com
Seite 106	Kuhherde © Edith Czech, fotolia.com

Alle weiteren Fotos: Christa Rinklin

Impressum:

Konzept, Text, Redaktion:	Christa Rinklin
Gestaltung:	ce-bra – atelier für werbung Annette Pfau, Bötzingen
Fotografie:	(siehe Bildnachweis)
Gesamtherstellung:	LAVORI VERLAG, Freiburg i. Br. 2015
Druck:	Druckerei Weis GmbH, Haus zur Medienwirtschaft, Freiburg i.Br.

Unser Dank für vielfältige Unterstützung gilt Manfred Breisacher, Liesel Hess, Christian Kaiser, Marco Kiesel, Elfriede und Elmar Müller, Daniel Nutto, Andrea Rinklin, Thomas Rinklin, Christa und Eberhard Schneider, Rike Schröder, Erna Sprich, Willi Weishaar.

Für die freundliche Überlassung von Tafelgeschirr zur Fotografie danken wir Rüdiger Sexauer, Haushaltswaren-Fachgeschäft, 79268 Bötzingen (S. 19, 57, 60, 73)

Hinweis:
Dieses Buch erhebt keinen Anspruch auf Vollständigkeit, sondern gibt nur eine Auswahl der Metzgereien in der Region wieder.

LAVORI VERLAG.

15 JAHRE · regionaler Autoren-Partner

Christa Rinklin

„e wengili vu' dem un' sellem"

Kräuterfrauen, Blumenköche und ihre Duftgärten
zwischen Schwarzwald und Kaiserstuhl

...heißt das 116 Seiten umfassende Buch, in dem 20
kräuterkundige Personen mit ihren besten Koch- und
Kosmetikrezepten sowie Kräutergärten und Kräuter-
pfade vorgestellt werden.
Schafgarbenpesto, Blumenknospen-Auflauf, Ringel-
blumen-Muffins, Huflattich-Zabaione oder Lavendel-
Sorbet sind nur einige von vielen Anregungen für
Geschmackserlebnisse der besonderen Art.
Ergänzt werden die Portraits und knapp 150 Rezepte
von Erste-Hilfe-Tipps aus der Natur und einem kleinen Küchen- und Heilkräuterlexikon.

Paperback: 116 Seiten
Format: 16,5 x 24 cm
ISBN: 978-3-935737-05-0   € **12,80**

Christa Rinklin

„'s Deggili g'lupft"

Einblicke in die Geheimnisse Eichstetter Kochtöpfe

Wer bei Eichstetter Kochtöpfen das „Deggili lupft",
macht kulinarische Entdeckungen, die Geschichte
und Geschichtchen geschrieben haben. In diesem
Kochbuch verraten Eichstetter Landfrauen, Hobby-
köche und Genießer ihre besten Familienrezepte,
die bisher wohlgehütet in Küchenschubladen
schlummerten.

Paperback: 96 Seiten
Format: 16,5 x 24 cm
ISBN: 978-3-935737-57-9   € **9,80**

www.shop.lavori-verlag.de oder bei Ihrem Buchhändler!

Guntramstr. 8 · 79106 Freiburg · Fon: 0761.8973416 · Fax: 0761.8973418

LAVORI VERLAG

15 JAHRE   regionaler Autoren-Partner

Christa Rinklin

„uffg'weckdi Kerli"

Auf Stippvisite bei Bäckermeistern im
Breisgau und Kaiserstuhl

Es gibt sie noch, die kleine Bäckerei um die Ecke,
aus der es nach Heimat duftet und wo das Handwerk noch echte Leidenschaft ist.
Die Autorin Christa Rinklin hat sich auf einen Streifzug durch den Breisgau und Kaiserstuhl begeben,
um gestandene Bäckermeister von ihren Öfen
vorzulocken. Herausgekommen sind spannende
Einblicke in Traditionsbäckereien und die besten
Rezepte für Liebhaber von rustikalem Brot und
süßen Backwaren, in denen man die Genussfreu-
digkeit Südbadens schmecken kann.

Paperback: 116 Seiten,
Format: 24 x 16,5 cm
ISBN: 978-3-935737-60-9   € **12,80**

Christa Rinklin

„Kuchigeischter"

Wenn Edelbrenner im Breisgau und Kaiserstuhl
am Herd stehen

Zwischen Obstbäumen, Brenngeschirren und
Kochtöpfen ließen sich 20 Edelbrenner und
Edelbrennerinnen ihre besten Rezepte entlocken,
die jetzt in einer einzigartigen Sammlung
erschienen sind.

Paperback: 120 Seiten
Format: 24 x 16,5 cm
ISBN: 978-3-935737-15-9   € **12,80**

www.shop.lavori-verlag.de oder bei Ihrem Buchhändler!

Guntramstr. 8 · 79106 Freiburg · Fon: 0761.8973416 · Fax: 0761.8973418